평양몽夢의 하늘

*에세이로 읽는 북한 도시 비전

일러두기

- '북한과 중국'을 상황에 따라 조중(朝中) 또는 북중(北中)으로 표기한다.
- 책의 내용은 대부분이 월간 '국토와 교통 저널'에 2023년 1년동안 연재되었던 글입니다.
- 칼럼은 남북물류포럼에 2022년부터 2024년 2월까지 '북한인프라칼럼'으로 연재되었던 글입니다.
- 북한의 인명과 지명 등은 혼선을 피하기 위해 두음법칙에 따라 표기했다.
  예) 려명거리 → 여명거리

권두시

평양몽夢의 하늘

박 하

봄비에 솟는 새움처럼
봄바람에 피는 버들개지처럼
꿈꾸는 자유는 얼마나 소중한가

2500만 인민의 염원,
자력갱생, 붉은 깃발 휘날리며
천리마 타고 달리던 날들,
만리마로 바꿔 탄 지 언제이던가

동평양 선교구역 뒷편 송화지구
보통강변 5호 관저 자리에 솟은 다락식주택구
합장강 연안에 솟은 화성지구 등등
보란듯이 일떠선 초고층 살림집들,
그 속에 둥지튼 사람들

혹심하게 추웠던 지난 겨울,
어떻게 지내셨는지,
심각한 전력난에도 따뜻하게 보내셨는지
새삼스레 묻고 싶은 안부

대동강변 따라
보통강변 유보도* 따라
열병식하듯 늘어선 수양버들,
올봄에도 가지 마다 새움은 피어나고
화살촉 같은 버들잎은
함성처럼 반짝일 것인가

혁명의 추억, 평양의 하늘 아래
나의 애마 자전거 타고
놀새**처럼 누비고 싶은 꿈,
꿈이라도 꿀 수 있는 자유는
얼마나 가슴 설레는가

● 유보도 : 산책로의 북한식 이름
●● 놀새 : '날라리'의 북한식 명칭

CONTENTS

권두시 ·· 3

평양 관광지도 및 주요 인프라 ··· 8

북한의 주요 도시와 프로젝트 위치 ···································· 10

북한 인프라 주요 연대기 ·· 11

프롤로그 깨어라! 평양몽 ··· 14

1부 평양몽과 자력갱생

01 평양 여명거리 주민들, 혹한에도 안녕하실까? ············· 19
02 보통강변의 변신, 800세대 다락식주택구 ···················· 21
03 보통강 다락식주택구, '평양의 또 다른 변신'인가 ········ 25
04 자전거 도시, 평양의 잠재력을 묻다 ····························· 37
05 동평양은 '평양의 강남'이 될 수 있을까 ······················· 46
06 평해튼의 빛과 그림자 ·· 59
07 평양의 심야 군사 퍼레이드와 전력 사정 ····················· 63
08 천리마운동으로 사회주의 이상! 평양을 재건하다 ······· 67
09 『주체건축론』, 예술과 프로퍼갠더(propaganda) 사이 ····· 82
10 만리마는 언제까지 질주할 것인가 ······························· 96
11 '진달래꽃'의 무대, '영변 약산'을 가다 ························ 109

CONTENTS

2부 천리마에서 만리마까지

12 대동강의 교량을 보면 평양의 미래가 보인다 ···············125
13 단천 열차 전복사고와 심각한 전력난···························140
14 태양광 열풍의 그림자 ··144
15 북한 서해안 간척사업, 어디까지 왔나 ·························147
16 함경북도 어랑천발전소, 왜 41년 만에 준공되었을까? ········160
17 김정은의 동서대운하, 실현 가능성을 따져본다 ············172
18 북한의 관광단지 개발, 용두사미로 끝나는가 ···············185
19 한강 하구~예성강 뱃길 복원에 대한 상상 ··················198
20 도야마 알펜루트에서 개마고원을 떠올리다 ·················202

3부 북한과 국제협력

21 해외 건설사업을 남북 합작으로 한다면·······················217
22 블라디보스토크항, 중국 품에 안긴 이후 ·····················221
23 연해주 개발, 남북 공조의 주무대로 만들 수 있다 ·······235
24 하노이, 평양의 미래가 될 수 있을까 ···························238

25 원산갈마 관광지구, 쿠바의 바라데로(Varadero)가 롤모델인가?
···241

에필로그 새로운 여정을 꿈꾸며 ································ 249
부록 #1 '평양의 변신'을 묻고 싶습니다! ························ 251
부록 #2 구글어스로 풍류도시 평양을 들여 보다! ················ 259
참고문헌 ··· 264

평양 관광지도 및 주요 인프라

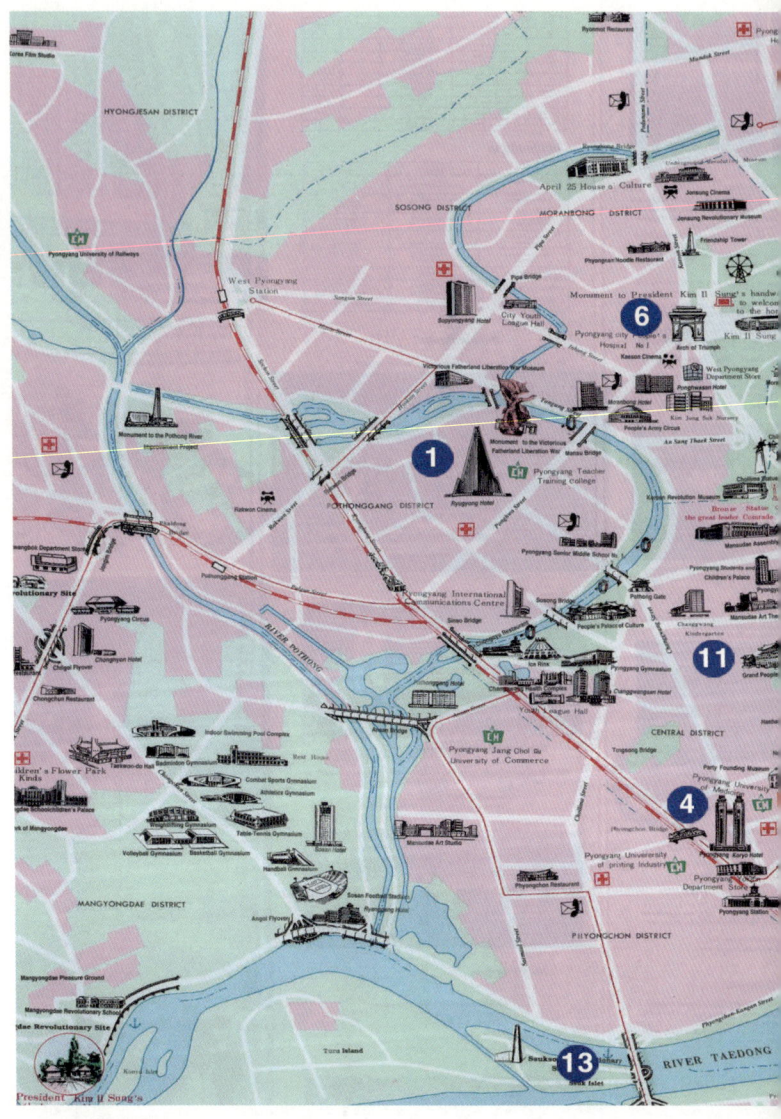

평양 관광지도

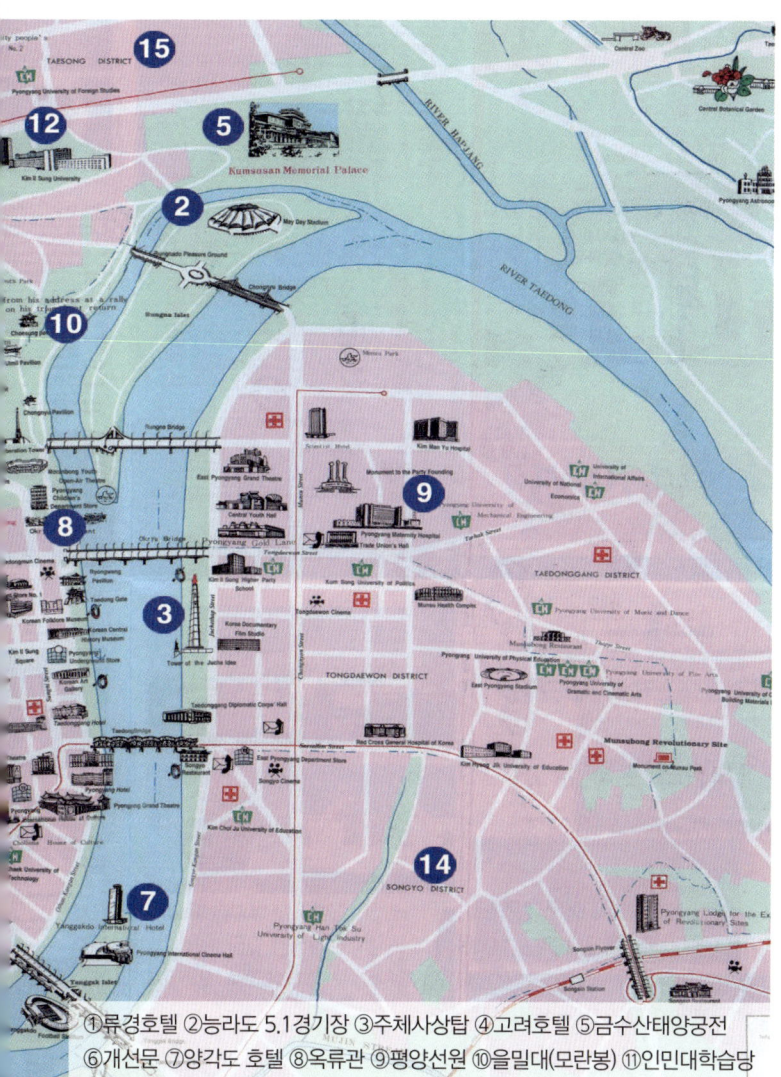

①류경호텔 ②능라도 5.1경기장 ③주체사상탑 ④고려호텔 ⑤금수산태양궁전
⑥개선문 ⑦양각도 호텔 ⑧옥류관 ⑨평양선원 ⑩을밀대(모란봉) ⑪인민대학습당
⑫김일성종합대학 ⑬과학기술전당 ⑭송화거리 ⑮화성지구

북한의 주요 도시와 프로젝트 위치

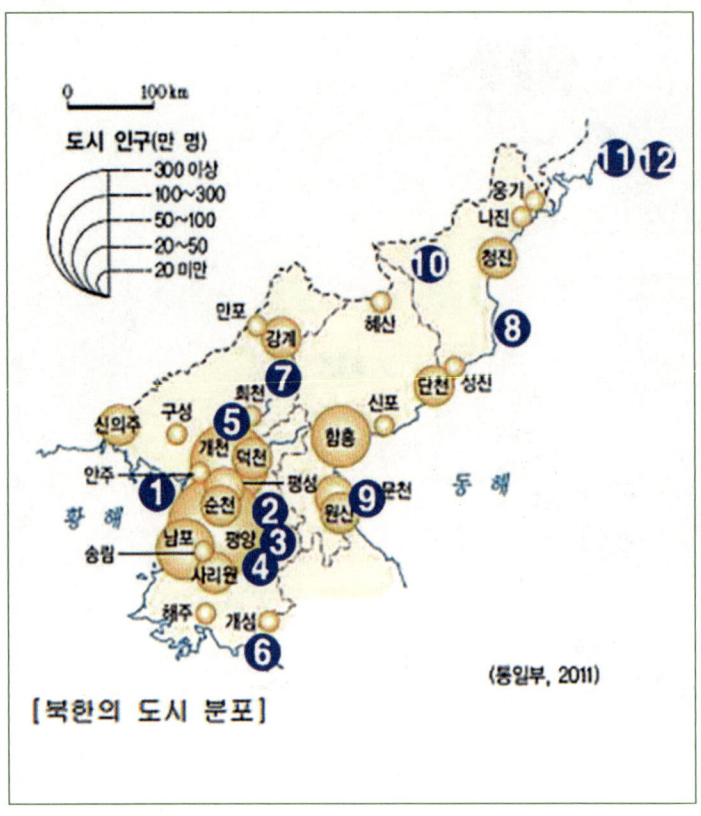

[북한의 도시 분포]

①서해안 간척사업 ②동서대운하(대동강~원산 용흥강) ③평양의 교량 ④경루동(보통강 다락식주택구) ⑤영변(핵시설단지) ⑥한강~예성강 뱃길 복원 ⑦희천계단식발전소 ⑧어랑천발전소 ⑨원산갈마국제관광지구 ⑩개마고원 개발 ⑪광역두만강하구개발(UNDP) ⑫블라디보스토크港

북한 인프라 주요 연대기

1905	경의선 준공
1911	압록강 철교 준공
1927	흥남질소비료공장(종업원 45,000명)
1928	부전강발전소 준공
1931	만주사변 발발 1932 만주국 수립 선포
1937	만주국 건국
1943	수풍댐 준공(165만 kwh)
1944	허천강 수력 발전소
1945	태평양 전쟁 종전

* 1945년 당시 북한 세계10위 공업국, 제철소(김책제철소, 성진제강소, 청진제철소, 이포제철소, 황해제철소 등)

1950	한국전쟁 발발
1955	북중수력발전회사
1959	봉화거리 준공
1974	운봉 댐 준공 개통, 인민문화궁전 준공
1982	주체사상탑 준공
1984	합영법 공포
1985	천리마거리
1986	서해갑문 준공

북한 인프라 주요 연대기

1987	태평만댐 준공(압록강)
1989	능라5.1경기장 준공 세계청년학생축전(평양)
1990	통일거리(낙랑거리 명칭 변경)
1991	나진·선봉경제특구 지정
1992	한중수교
1994	김일성 사망
1995	김정일 위원장 집권

2002	4대 경제 특구 지정
2003	개성공업지구법 제정
2004	용천역 열차 폭발사고
2005	개성공단 1단계 기업 입주
2010	평양과기대 개교
2011	김정일 사망
	김정은 위원장 집권

2012	김일성탄생 100주년, 창전거리(만수대) 준공
	희천발전소 준공, 통일거리 준공
2013	은하과학자거리 압록강경제개발구 공포, 장성택 처형
2013. 04.	만포연하발전소 완공

2014	신압록강대교 준공(2024 개통 예정)
2015	백두산발전소 준공, 미래과학자거리 준공
2016	개성공단 전면 철수, 백두산3호발 완공
2017	평양 려명거리 준공
2018	단천발전소 완공
2019	코로나19 사태
	삼지연시 준공
	양덕온천 준공식
2019. 09.	라선청년5호발전소 준공
	구장청년1호 완공
2020. 03. 17.	평양종합병원 착공
07.	어랑천4호발전소 완공
10.	금야강2호 발전소 준공
12.	라선맥주공장 준공
2021	원산갈마관광지구(미준공 상태)
2022	(동평양) 송화거리 준공
2023	보통강 다락식주택구(경루동) 800세대 준공
	화성지구1차 준공
2024	단천역 열차 전복사고

프롤로그

깨어라! '평양몽'

'강남몽江南夢'이란 말이 있다. 황석영 소설『강남몽』이야기를 하려는 게 아니다. 강남의 부동산 투기 이야기가 아니라 원조 강남몽은 아득한 중국에서부터 유래한 이야기다. 강남은 중국 양쯔강 이남 지역으로 '따뜻한 남쪽 나라'에 대한 비유이기도 하다. 예컨대, '친구 따라 강남 간다'는 것도 넓은 의미에서 강남몽에 속한다고 할 수 있다. '평양몽'은 강남몽에 빗댄 말이다.

평양몽을 꾸는 분들은 지금도 헤아릴 수 없이 많다. 그들은 누구일까? 우선 북한의 평양 시민들을 들 수 있다. 그들은 평양이 세상에서 가장 아름다운 도시라고 철석 같이 믿고 있다. 아니 믿도록 강요당하고 있다는 말이 제격일 것 같다.

다음으로 평양 이외의 지역 사람들이다. 북한 속담에 '병아리도 평양 가고 싶어 피양피양하고 운다'는 말이 있다. 이처럼 북한의 지방 사람들은 살아생전에 평양 방문을 소원하고 있다. 특히 청소년들이 그렇다고 한다.

세 번째로 남한에 있는 이산가족들이 있다. 그들은 평양이 선대의 고향인 분들도 있고 아닌 분들도 있다. 그들에게 평양은 이산가족 상봉의 의미나 다름없는 상징성이 있다.

네 번째로 평양을 탐험하고 싶은 사람들이 있다. 1970년대 평양은 한동안 '사회주의 이상도시 평양'로 불렸는데, 그 실체를 확인하고 싶은 사람들, 또한 평양국제마라톤대회에 참가하고 싶은 사람들을 들 수 있다.

다섯 번째, 필자와 같이 평양을 짝사랑하는 사람들이 있다. 필자는 건설엔지니어 관점에서 평양의 도시 인프라에 대해 지속적인 모니터링을 해왔다. 만약 평양이 경제 개방에 나설 경우, 도시 인프라를 어떻게 변환해야 할까. 환경 피해를 최소화하면서도 외국 관광객들을 위한 쾌적한 도시 인프라 확충을 고민하는 사람들이 있다.

이 책은 필자의 전작 『북한의 도시를 미리 가봅니다』, 『평양의 변신, 평등의 도시에서 욕망의 도시로』의 연장선에 있다. 다만 이 책에 실린 글들은 말랑말랑한 에세이풍이기에 평양과 북한의 인프라에 대한 입문서로 읽히기에 적당하리라 생각한다.

대부분의 칼럼들은 사)남북물류포럼(회장 김영윤)에 '북한 인프라 칼럼'이란 제목으로 연재되었던 글들이다.

'우리의 소원은 통일'. 그 노래만 들으면 코끝이 찡해져요. 이제나 저제나 대다수 사람들의 통일은 딱 그 수준에 머물러 있다. 통일은 청춘남녀가 결혼에 골인하는 것과 마찬가지이다. 결혼을 위해서는 최소한의 연애 과정이 필요한 법이다. 이 책은 연애 상대 북한을 사전에 뒷조사한 책, 일종의 가이드북이다. 결혼은 연애 상대의 배경부터 제대로 알아야 하는 법이다. 뒷조사를 충분히 한 뒤에 깊이 사귀어도 될지 말지를 결정해도 늦지 않다.

성급한 결혼보다 밀당의 연애부터 하고 싶다. 비단 필자만의 소망은 아닐 것이다. 그런데도 불구하고 원치 않는 통일이 한밤중 도적처럼 들이닥칠 것만 같은 예감이 든다. 미래는 준비하는 자에게 먼저 손을 내미는 법이다. 이 책을 통해 당신이 꾸고 있던 '평양몽의 하늘!'도 보다 새롭게 갱신되기를 빌어마지 않는다.

2024. 2. 저자

1부
평양몽夢과 자력갱생

평양몽夢의 하늘

01
평양 여명거리 주민들, 혹한에도 안녕하실까?

유튜브에도 북한 정보가 넘친다. '홍수 나면 마실 물이 없다'는 말이 떠오를 정도다. 그래서 정보의 옥석가리기는 언제나 중요하다. 지난 1월, 한동안 몹시 추웠던 그 때, 북한전문 모 유튜브에서 평양 여명거리 주민들이 혹한을 피해 친인척집으로 탈출한다는 소식을 전했다. 가짜뉴스일까, 어디까지 진실일까?

문득 떠오른 화제의 책 한 권이 있다. 『평양의 시간은 서울의 시간과 같이 흐른다』. 2018년에 나온 책으로 저자는 북한통 진천규 기자다. 긴가민가하면서 책을 사서 읽었다. 예전에 비해 몰라보게 밝아진 평양 밤거리, 에버랜드를 방불케 하는 문수물놀이장, 대동강변을 따라 열병식을 하듯 늘어선 초고층 빌딩 등등. 평양에 대한 편견을 허물기에 참 좋은 것들이었다. 책을 읽고난 뒤, 운 좋게 저자 특강도 들을 기회가 있었다. 저자의 육성을 들으니, 책의 내용에 더욱 신뢰가 갔다. 그때 이후 내 생각도 바뀌었다. '평양의 시간만! 서울의 시간과 같이 흐른다.' 하지만 유튜브에서 여명거리 탈출 소식을 들은 이후,

그마저 다시 회의가 들었다.

2021년 1월, 한강이 꽁꽁 얼었는데 대동강이라고 무사할까? 대동강은 훨씬 더 심할 것이다. 대동강은 한강보다 위도도 높을 뿐 아니라 서해갑문에다 상류의 미림, 봉화, 동암, 3개 갑문들로 인해 강물이 숫제 호수처럼 갇혀있다. 갇힌 물은 더 빨리 얼게 마련. 설상가상 겨울 갈수기라 저수량도 발전 가능 수위 이하로 떨어졌을 것이다 (갑문마다 소규모 수력발전을 한다).

여명거리 초고층빌딩은 전기 먹는 하마다. 초고층은 전기가 없다면 엘리베이터, 냉난방, 상수도, 오폐수 설비도 무용지물이다. 그 전기는 어디서 올까? 동평양화력발전소, 그걸로는 태부족이다. 청천강 상류에 있는 희천발전소에서 온다. 청천강 상류의 급경사를 이용하여 계단식 수력발전소 12개소가 건설됐다. 2015년 최종 완공된 희천발전소는 김정일 정권의 대표적 건설사업, 부실 소문도 있었지만 어쨌든 천리마 속도를 갱신한 '희천속도'의 신화를 창조했던 곳이다. 하지만 아무리 계단식 수력발전소라도 혹한에는 전체가 무용지물이다. 댐에 가둔 물이 꽁꽁 얼어버리기 때문이다.

희천수력발전소가 혹한에 가동을 못한다면 평양은 정전을 면치 못할 수밖에. 그래서 솟는 궁금증이다.
여명거리 주민들은 혹한에도 안녕하실까?

보통강변의 변신, 800세대 다락식주택구

 2023년 12월 기준, 평양에는 건설 붐이 여전하다. 올해 3월 초부터 개시한 것으로 5만 세대 살림집 건설의 일환이다. 매년 1만 세대씩, 2025년까지 5만 세대를 건설한다고 공표했다. 이 계획과 별도로 지난 4월 1일에는 보통강 강안江岸에 800세대 다락식 주택구도 착공한 바 있다. 유엔 경제제재와 코로나19사태 등 내우외환에도 불구하고, 이런 엄청난 건설사업을 벌이고 있다니 놀랍다. 그 이면에는 평양의 심각한 주택난이 자리하고 있다.

 대동강은 평양의 의전용 앞마당 격이고, 보통강은 평양의 보통 사람들을 위한 뒷마당 격이다. 즉, 보통강은 생활밀착형 무대인 셈이다. 예컨대, 보통강유원지는 가족끼리 나들이로 붐비고, 보통강 유보도(산책로)는 청춘남녀들의 데이트 명소이다. 이곳 보통문 앞, 봉화산 기슭에 800세대 다락식주택구가 한창 건설 중이다. 2023년 말 준공이 될 경우, 보통강은 어떻게 변할까?

보통강 안 다락식 주택구(로동신문 / 포스터)

 보통강은 '보통송객普通送客'으로 통했다. 평양팔경 중의 하나로 '보통문 나루에서 손님을 전송하는 장면'이다. 한양에서 중국으로 가는 연행燕行사절이든, 조선 한양에 왔던 중국사신이든 평양성에서 송별연을 마치면 보통문나루에서 배를 타고 떠난다. 나루터 손님 중에는 보통 강 하구인 대동강을 오고 가는 상인들도 있었다. '배따라기' 노래가 울려 퍼지는 곳! 보통문나루의 전송은 주변 풍취와 어우러져 평양 팔경이 되었던 것이다.

 다른 한편, 보통강은 '눈물의 강', '원한의 강'으로도 불렸다. 상습적인 홍수 피해 때문이다. 멀리는 1925년 을축년 대홍수로부터, 가깝게는 2020년 8월 초의 홍수에 이르기까지. 물론, 홍수방지를 위해 그동안 수차례 개수공사를 실시한 바 있다. 멀게는 일제강점기에도 있었는데 그 중에 흥미로운 일화가 있다. '배따라기'의 작가 김동인(1900~1951)이 보통강 개수공사에 투신했다는 사실이다. 평양 갑부의 아들 김동인은 소설가이자 당대의 소문난 한량이었다. 부모가 돌아가신 뒤에도 씀씀이가 워낙 헤프다 보니, 어느새 그 많던 재산도 바닥을 보였다고 한다. 때는 1926년, 김동인은 거부할 수 없는 유혹을 만났다. 다름 아닌 유산으로 물려받은 보통강 강변의 십만 평 땅에다 대대적인 개수공사를 벌인 것이다. 상습 침수지였던 부지에 직강공사를 하고 또 제방을 높이 쌓을 경우, 제방 뒤에 땅들은 일시에 금싸라기 땅으로 바뀐다. 공시 착수 당시, 청년 작가 김동인의 상상력은 최고조에 달했을 터. 그러나 개수공사는 상상과는 전혀 딴판이었다. 공사가 끝도 없이 늘어지면서 투자금 역시 밑 빠진 독에 물 붓기였다. 설상가상 장마철 홍수가 닥치면서 애써 쌓아둔 제방마저 속절없이 무너지고 말았다. 결과는 참담한 파산이었다.(정비석의 문단비사, 중앙일보 1978.4.27에서 재구성)

다음 일화는 1946년 5월 21일, 김일성 수석이 주도했던 개수공사가 있다. 당시 김일성은 준설공사의 첫 삽을 떴고, 전체 평양 시민을 독려하여 55일 만에 개수공사를 끝냈다고 한다. 이를 기리기 위해 1971년에 봉화산 기슭에 개수공사 25주년 기념탑을 세운 바 있다. 물론 그 이후에도 홍수는 발생했지만 빈도와 피해는 크게 줄었다.

그런데 지금의 보통강(대동강 포함)에는 또 다른 불청객이 나타났다고 한다. 다름 아닌 수질오염이다. 가장 큰 원인으로는 1986년 준공된 서해갑문을 꼽는다. 서해갑문은 '낙동강 하구둑'이나 '영산강 방조제'와 기능면에서 흡사하다. 대동강 하구에서 해수 유입을 차단하는 동시에 내륙운하가 새로 생긴 것이다. 이런 순기능 대신 역기능도 등장했는데, 그 중 하나가 갑문이 강물의 이동을 막아 수질 오염이 가중되는 일이다.

보통강 강 언덕에 800세대 주택단지가 들어설 경우, 보통강은 또 어떻게 변할까? 우리 상식으로는 사전에 대단위 하수처리장부터 건설하는 게 마땅하지만, 그런 뉴스는 아무리 찾아도 보이지 않는다. 올해 안에 800세대 주택구가 준공될 것이다. 추측컨대, 이 주택구는 김정은 정권 10주년의 상징탑으로 우뚝 설 것이다. 하지만 그 성공 여부는 내년 여름까지 기다려야 할 것 같다. 즉, 한여름 갈수기에도 보통강의 수질이 크게 나빠지지 않는 일! 그럴 때만이 평양의 보통 사람들에게 변함없이 사랑받는 보통강으로 남게 될 것이다.

03. 보통강 다락식주택구, '평양의 또 다른 변신'인가

최근 외신 보도에 의하면, 2021년 11월 현재, '보통강 다락식주택구'는 골조공사가 완성된 것으로 보인다. 지난 4월 1일 착공 당시부터 올해 안으로 준공을 목표로 했고, 그러기 위해서는 동절기 전에 골조공사를 마무리하는 게 상식이기도 하다. '보통강 다락식주택구'가 준공될 경우, '평양의 또 다른 변신'이 기대된다.

사진 1. 다락식 주택구 골조공사가 거의 완성된 모습 (2021. 9.)

사진 2.
보통강 다락식주택구(삼각형 점선 안)

사진 2-1.
800세대 다락식주택구 조감도

보통강 다락식주택구

보통강 다락식주택구가 들어서는 부지는 평양 제1의 명당자리이다. 평양성의 보통문 바로 옆인 이 지역은 김일성주석이 거주했던 '5호댁 관저'가 있던 곳이다. 김일성이 1950년대 중엽부터 1970년대 주석궁(현 금수산태양궁전)으로 이주하기 전까지 살았던 곳이다.

또한 이 집은 김정일 위원장이 유년시절과 청년시절을 보냈던 곳이기도 하다. 김정일 위원장의 집권 이후, 2009년에 '5호 관저'는 철거되었고 이번 다락집 착공 이전까지 공터로 남아 있었다. 물론 그 주변에는 다양한 인프라와 문화시설도 산재해 있다. 예컨대, 거리로는 천리마거리, 경흥거리, 봉화거리, 붉은거리 등이 있고, 문화시설로는 인민문화궁전, 평양체육관, 창광원과 빙상관, 청류관을 비롯한 기념비적 건축물들이 즐비하다.

이 지역에 800세대 고급 주택단지가 들어선다는 사실은 어떤 의미가 있을까? 위대한 수령과 지도자 동지가 살았던 '5호 관저'가 있던 곳! 비록 공터로 남겨놓았을지언정 그곳은 성역聖域이었던 곳인데, 얼마나 주택난이 심각했으면 이곳에다 주택단지를 건설할까 하는 점이다. 한편으로 김정은 정권이 이제 비로소 낡은 권위를 과감히 허물고 자기 주도의 새로운 권위를 세운다고 할 수도 있다. 전작 『평양의 변신』에서도 소개했던 '평양종합병원 건설공사'에서도 비슷한 사례를 목격한 바 있다. 평양종합병원은 당창건기념탑 바로 앞에 건설됨으로써 선대의 상징이었던 기념탑을 일시에 가려버렸기 때문이다. 달리 말하자면, 김정은 정권은 선대 유훈통치의 그늘을 과감히 벗어나 이제부터 명실공이 김정은 주도의 상징물을 세우겠다는 뜻이기도 하다. 마치 대원군의 섭정을 물리치고 친정체제에 나선 고종처럼 말이다.

개 요

- **공 사 명** : 보통강 강안 다락식주택구
- **위 치** : 평양시 보통문 주변 강안지구('경루동' 명명)
- **공사기간** : 2021. 4 ~ 2021. 12월 중(예정)
- **공사규모** : 800세대 주택단지(5층~10층 규모)
- **건축구조** : 철근콘크리트조(계단식)
- **입 지** : 보통강유원지 남쪽, 만수대의사당, 만수대언덕
  (* 당초 김일성 주석의 '5호 관저'가 있었던 곳임)
- **입주 대상** : 공로자, 과학자, 문필가, 근로자 등

사진 3. 다락식주택구에는 동별로 3층짜리부터 15층(?)짜리까지 다양하다.

🌸 건축 취지와 공사방식

이쯤에서 보통강 다락식주택구의 건설 배경과 건설 방식을 살펴보기로 하자. 조선중앙방송의 보도를 일부 인용해 본다.

> 우리 당의 웅대한 건축발전 구상과 인민대중 제일주의 건축이념이 구현되어 현대적으로 일떠서게 되는 보통강 강안 다락식주택구 건설이 본격적으로 시작된다. 조선로동당 총비서이시며 조선민주주의인민공화국 국무위원장이신 경애하는 김정은 동지께서 당중앙위원회 비서들과 함께 또다시 공사장 현지를 돌아보시었다.
>
> 풍치수려한 보통강 강안의 명당자리에 현대적인 다락식주택구를 일떠세워 우리 인민들에게 안겨주시려는 김정은 동지의 원대한 구상이 현실화되는 또 하나의 보람찬 건설이 시작되었다. 경애하는 김정은 동지께서는 본격적인 건설전투에 진입하기 위

해 현장을 차지하고 있는 시공단위들의 전개 모습을 돌아보시며 시공 분담구역을 료해하시었다. (중략)

경애하는 김정은 동지께서는 공정계획을 면밀히 세우고 건설조직과 지휘를 빈틈없이 하며 설비와 자재 보장을 철저히 실천하고 단위별 정치사업과 경쟁조직 사업을 장려하여 속도전, 실력전에서 도시주택건설의 본보기적 경험을 창조하여야 한다고 말씀하시었다. 경애하는 김정은 동지께서는 건설공정들에 대한 엄격한 감독사업을 실시하고 요구성을 높여 자재를 극력 절약하고 각종 사고를 방지하며 좋은 건설 경험들이 수도 건설부문에 일반화되도록 하여야 한다고 하시었다. (중략)

경애하는 김정은 동지께서는 800세대 보통강 강안 다락식주택구 건설에 참가한 전투력 있는 핵심 건설단위들이 우리 당의 웅대한 수도 건설방침을 높이 받들고 인민들이 손꼽아 기다릴 행복의 보금자리를 하루빨리 일떠세우리라는 기대와 확신을 표명하시였다.

― 2021. 4. 1. '뉴스1' 재인용

이 보도 내용을 보면, 문장 어디에도 어버이 수령 김일성과 지도자 동지 김정일에 대한 언급은 찾아볼 수 없다. 오로지 김정은 동지의 원대한 구상만 내세울 뿐이다.

첫째, '풍치수려한 보통강 강안의 명당자리'라는 점을 강조하고 있다. 이곳에 입주할 대상도 각 부분의 노력혁신자, 공로자들과 과학자, 교육자, 문필가 등이라고 한다. 다음으로 '건설전투 방식으로 경쟁조직에 의한 속도전, 실력전'이라고 노골적으로 경쟁을 부추기고 있다(그림 4 포스터 참조). 끝으로 '웅대한 수도 건설방침을 높이 받들고 행복의 보금자리를 하루빨리 일떠세우라'고 강조하고 있다. 아시다시피 김정은 정권은 올해 초, 코로나19사태 와중에도 불구하고, 5만 세대 살림집 건설을 공표한 바 있다. 이번 보통강 다락식주택구 800세대는 올해 건설 예정인 1만 세대에는 포함되지 않는다고 한다. 결과적으로 코로나19 사태 와중인데도 평양은 때 아닌 건설 붐으로 들끓고 있는 셈이다.

보통강 개수공사, 원한의 강에서 낙원의 강으로?

보통강은 평양 8경 중 하나이다. '보통송객普通送客'이라 하여 보통문 아래 나루에서 손님을 떠나보내는 장면을 절경으로 손꼽았다. 하

그림 4. 다락식주택구, 속도전을 부추기는 포스터들(인터넷 캡처)

지만 이런 예찬과 달리 보통강은 상습적인 홍수로 악명이 높아 '눈물의 강', '원한의 강'으로 불리기도 했다. 수로의 경사가 완만한 사행천인데다가 상류로부터 토사 유입이 끊이지 않았기 때문이다.

보통강의 상습적인 홍수를 방지하기 위해 일제강점기 때도 직강공사를 비롯한 수차례 개수공사를 벌인 바 있고, 6.25 전쟁 이후에도 간헐적으로 개수공사를 시행한 바 있다. 그 중에 대대적으로 개수공사를 했던 적은 1946년 5월 21일로 김일성 주석이 주도했다고 한다.

보통강 관련 주요 연대기

1925	을축년 대홍수
1937~	보통강 개수공사(연인원 300만 명)
1942	대홍수 발생
1946	보통강 개수공사(김일성 주도)
	1단계 : 수로 변경
	2단계 : 준설 및 제방공사
1958~60	수로 변경(직강공사)
1960	보통강 유원지 조성
1967	보통강 범람(대홍수/평양 침수)
1971	보통강 개수공사 기념탑(봉화산 기슭)
1973	보통강호텔 준공
1980	미림갑문 준공
1983	봉화갑문 준공
1986	서해갑문, 순천갑문 준공
1987	성천갑문 준공
2006~	홍수 발생(2007, 2012, 2020)
2021	다락식주택구(800세대 착공), 수질 개선사업
2022	경루동(다락식주택구) 준공

당시 공사의 주요 내용으로는 직강공사와 함께 준설공사를 실시했으며, 직강공사로 인해 '보통강유원지'와 운하도 조성되었다고 한다. 이 공사를 기념하기 위해 보통강 강변 봉화산 기슭에는 '보통강 개수공사 기념탑'이 우뚝 솟아있다(사진 5-1 참조). 이 탑은 보통강 개수공사 25주년을 기념하여 1971년에 설치한 것이다.

그러나 1946년 이후에도 홍수는 빈번하게 발생했다. 다만 홍수 피해 정도는 완화되었을 뿐, 근본적인 대책이 될 수 없었던 것이다. 그 증거로 아래 기사를 인용한다.

북한 조선중앙통신은 "보통강 정리공사에 떨쳐나선 인민군장병들이 9일 만에 78만 여㎥의 감탕파기와 주변정리 등을 모두 끝내 '인민의 강, 낙원의 강'으로 더욱 아름답게 변모됐다"고 전했다. 북한이 평양 중심부를 흐르는 대동강의 지류인 보통강 정리공사를 지난 1946년부터 거의 해마다 하는 이유는 무엇일까?

보통강은 평안남도 평원군 신성리 북쪽 강룡산降竜山(445m) 남쪽 계곡에서 발원해 평양시 만경대구역과 평천구역으로 흐르는 길이는 67.5㎞로 알려졌다.

보통강 주변에는 평양의 상징인 수양버들이 많이 심어져 주변 모습과 어울러 아름다운 풍경을 보이고 있지만, 강 수심이 얕고 유속이 완만해 실제로는 보면 강물이 심하게 오염돼 있다.

여기에다 상류에서 흘러오는 퇴적물이 쌓여 하상정리공사를 하지 않을 경우 홍수로 인한 침수 피해가 우려되고 악취가 심해

해마다 주민들과 군인 건설자를 동원해 하상정리사업을 실시하고 있는 것이다.

　북한은 지난 4월에는 평양 보통강 오수정화장 침전물 등을 이용해 소규모 유기질복합비료공장을 건설하기도 했다.

－ 2012. 10. 21, 노컷뉴스

위 기사는 2012년 10월 21일자 '보통강 정리공사'에 대한 보도이다. '보통강 관련 주요연대기'에 의하면, 수차례 개수공사에도 불구하고, 여전히 홍수가 발생했던 것을 알 수 있다. 위 사진 2장은 개수공사 상황을 보여주고 있다. 〈사진 5〉는 1946년 5월 보통강 개수공사 당시 김일성 주석이 첫 삽을 뜨는 사진이고, 〈사진 5-1〉은 보통강 개수공사 준공기념탑 사진이다. 그렇다면 1971년 보통강 개수공사 기념탑 이후에는 어떨까?

사진 5. 개수공사의 첫 삽을 뜨는 김일성 주석

사진 5-1. 보통강개수공사 기념탑(1971 준공)

보통강 개수공사는 1960년대 이후에도 평균 5년 주기로 준설공사로 벌였던 것으로 보인다. 준설 현장에서는 여전히 기계장비 보다 인력에 대한 의존이 더 심한 편인 걸 알 수 있다.

800세대의 그림자

보통강 다락식주택구는 봉화산 기슭에 계단식주택(Terraced Houses)으로 건설된다. 이를 두고 서울 한남동의 '유엔빌리지'를 떠올리기도 한다.

하지만 강을 바라보는 조망권과 계단식 외관은 닮았을지라도 인프라 측면에서 볼 때, 우려스런 측면도 많다.

첫째, 수돗물 공급의 문제이다.

지난 8월 21자 데일리NK 보도에 의하면, '보통강 다락식주택 건설현장의 수도관 파손 사건'을 들 수 있다.

소식통이 전한 이번 사건의 전말은 이렇다. 보통강구역 다락식 주택 건설장 주변 아파트에 사는 50대 초반의 세대주반장은 7월 말 한밤중에 다른 남성 세대주들을 데리고 건설장에 잠입해 수도관을 일부 파손하고 수도 밸브를 잠갔다. 아파트에 공급되는 수도를 건설장이 끌어다 쓰면서 물이 제대로 나오지 않자 이에 불만을 품고 행동에 옮긴 것이다. 이 사실을 전혀 모르고 있던 건설자들이 후에 현장에서 모르타르(Mortar, 몰탈)를 이기려다 물이 나오지 않자 진상 파악에 나섰고, 그 끝에 인위적인 수도관 파손과 밸브 잠김 상태를 발견해 곧바로 이를 상부에 알렸다. (하략)

– 조선중앙방송

이 기사에 의하면, 기존 주택들의 수돗물 공급을 무시한 채 일방적으로 건설공사를 강행한 것을 알 수 있다. 범인을 색출하고 처벌한다고 해서 수돗물 문제가 해결될 수는 없는 것이다.

둘째, 오수 및 하수처리에 대한 문제이다.

보도에 의하면, '최근 김정은 위원장이 보통강변 테라스식 고급주택 건설 현장을 찾은 자리에서 보통강 수질 개선을 주문하면서 강물 정화가 당장 핵심과제로 떠올랐다.' (연합뉴스 2021. 9. 19). 800세대 주택단지가 신규로 건설될 경우, 사전에 하수종말처리장을 건설하는 게 상식이다. 하지만 하수처리장에 대한 언급은 도무지 찾을 수가 없다. 재래식 정화조방식으로는 보통강은 물론, 아래쪽 대동강까지 오염을 가중시킬 것이다. 오염의 원인으로는 1986년에 완공된 서해갑문을 들기도 한다. 서해갑문은 해수 유입 차단과 내륙 운하를 얻은 반면, 강물의 이동을 막아 오염을 가중시키고 있기 때문이다.

셋째, 마감공사가 순조로울 것인가.

평양에서는 웬만한 건축자재를 자급자족한다고 한다. 건축마감재 전문의 '평양건재공장(력포구역 소산동)'과 '동평양금속건구공장'이 있기 때문이다. 하지만 이 공사 이외에도 1만 세대 건설이 동시에 진행되고 있다. 마감재 수급 문제로 인해 올해 안 준공이 불가할 수도 있다는 점은 앞선 사례에서도 볼 수 있었다. 예컨대, '평양종합병원 건축공사'와 '원산갈마지구' 등에서도 준공이 무기한 연기되고 있기 때문이다.

평양의 또 다른 변신

인류문명은 야성의 강을 길들인 역사라고 할 수 있다. 황하문명을 비롯한 인류문명 4대 발상지가 그랬다. 서울의 한강, 영남의 낙동강이 그랬다. '눈물의 강', '원한의 강'이었던 보통강이 과연 '낙원의 강', '행복의 강'으로 변할 것인가? (*보통강 다락식주택구는 2022년 4월 준공과 함께 '경루동'으로 명명되었다.)

04 자전거 도시, 평양의 잠재력을 묻다

 평양은 자전거 도시인가? 필자의 생각은 '그렇다'. 그렇다고 평양이 '자전거 천국'이란 말은 아니다. 엄밀히 말해 평양은 '자동차 도시가 아니라 자전거 도시'라는 뜻이다. 평양은 개인 승용차를 불허하는 대신 대중교통에 오랫동안 의존해왔다. 하지만 1990년대 초반, '고난의 행군'이 시작되면서 자전거를 허용했다고 한다. 이는 배급제 붕괴로 인해 인민들이 제각기 살길을 찾는 '각자도생各自圖生' 시대로의 전환과 때를 같이 하는 것이다. 북한 당국이 평양 시민에게 자전거를

사진 1. 평양 자전거 투어 중인 외국인들(인터넷)

그림 2. 평양의 공유자전거 '려명' 임대소

허용한 이후, 거의 20년이 경과했다.

2022년 현재, 평양 시민은 자전거를 얼마나 타고 다닐까? 유튜브에 비친 평양의 거리 풍경을 보면 금세 알 수 있다. 물론 자전거는 출퇴근용으로 '평양 시민의 발'이라고 할 수 있겠다.

놀라운 점은 평양에도 2011년부터 '려명'이라는 공유자전거가 등장했다는 사실이다. 공유자전거를 임대해 주는 임대소가 광복거리 부근에 다섯 곳이 있다. 평양 시민이든 외국 관광객이든 간에 누가나 염가(자전거카드)로 자전거를 쉽게 빌려 탈 수 있다는 말이다.

놀라운 점은 또 있다. 2015년에는 간선도로 상에 자전거 전용노선도 마련했다는 것이다. 이는 간선도로 상에서 자동차와 충돌을 방지할 뿐만 아니라 보행 중인 행인과의 충돌도 방지해 주기 위해서이다.

이 글에서는 자전거 이용 관점에서 평양을 조명해 보기로 한다. 외국인 대상 '평양 자전거 투어'를 통해 평양의 자전거 인프라와 향후 전망에 대해서도 살펴보기로 한다.

평양의 자전거 붐

최근에는 외국인 관광객을 대상으로 '평양 자전거 투어' 상품이 판매되고 있다. 해당 여행사는 북한 당국에서 운영하는 여행사도 있고,

외국인이 운영하는 업체도 있다. 지금도 유튜브에는 '평양 자전거 투어'에 참가한 외국인들의 동영상이 수두룩하게 올라와 있다. 이들을 보면, 헬멧도 안 쓰고 복장도 제멋대로이다.

평양에는 언제부터 자전거가 도입되었을까? 1990년까지 자전거는 금지되었다고 한다. 그 이유는 잘 모르지만 '자전거=개인주의'로 사회주의 단체 생활에 부정적인 영향을 준다고 생각했던 것 같다.

1991년 러시아연방의 해체와 함께 북한에 대한 사회주의권 나라들의 지원이 뚝 끊겨버렸다. 그 여파로 '고난의 행군'이 시작되었고,

평양 자전거 관련 연표

1989.	세계청년학생축전 개최
1990.	자전거 운행 금지
1991.	러시아연방 해체(사회주의권 원조 중단)
1994.	1차 고난의 행군 시작(2014)
1994.	자전거 운행 허용
1995.	일본제 중고 자전거 수입 급증
1997.	자전거 운전면허증/번호판 부착
1999.	자전거 전용도로 개설
2005.	조중자전거합영회사朝中平津自行車合營会社 설립
2006.	유엔 대북경제 제재
2013.	공유자전거(려명) 제도 실시
2017.	외국인 자전거투어 상품 발매
2018.	공유자전거 '따릉이' 개시
2019~	코로나 19 사태 발생

그림 3. 평양 자전거 투어에 나선 외국인(youtube : Jaka Parker)

10년 동안 지속되었다. 고난의 행군이 시작되자 평양 시민은 물론 전체 인민들이 '각자도생各自圖生'에 내몰렸다. 자전거는 고난의 행군이 시작되던 시기에 일본으로부터 중고 자전거가 수입되었다고 한다. 그러다가 2005년부터 조중합작으로 평양에서 자전거를 생산함으로써 점차 대중화되었다고 한다. 1990년 이전까지만 해도 전면금지였던 자전거가 지금은 집집마다 한 대씩 보유할 정도이고, 외국인들에게까지 평양 자전거 투어를 홍보할 정도이니 실로 놀라운 변화가 아닐 수 없다.

●● 자전거 운행규칙

평양에도 자전거 운행규칙이 따로 있다. 다음에 NK코리아 기사(2002. 11. 26)를 재인용한다.

노동신문에 따르면, 자전거 운행규칙에서 가장 중요한 것은 『도로표지에 따라 정해진 길로만 다니는 것』이며 「걸음길」步道로 다닐 때에는 따로 만든 자전거길 또는 걸음길 오른쪽으로 다녀야 한다.

교통지휘신호를 하는 사귐길(교차로)에서 직진 또는 우회전할 때에는 교통지휘신호에 따라 자전거를 타고 가야하고, 좌회전할 때에는 내려서 지하도 위로 끌고 가거나, 구름다리(육교)가 있는 경우 다리 아래에 있는 '자전거건늠길'로 끌고 건너간 다음 다시 가려는 방향으로 가야 한다.

자전거길이 따로 없는 도로에서는 차로의 오른쪽 끝으로부터 1m 안으로 다녀야 하고, 교통지휘신호를 하지 않는 교차로에서는 차량운행에 지장이 없을 때 자전거를 타고 건너야 한다.(하략)

– NK코리아 재인용(2002. 11. 26)

평양의 자전거 생산

평양에는 2005년 조중합작의 자전거 제조공장이 있다. 공식 이름은 '평진자전거합영회사朝中平津自行車合營社'이다. 평양과 천진에서 한 자씩 따온 이름이다. 이곳에서 자전거를 생산하기 전까지 평양 시내에는 온통 일본제 중고자전거와 중국제 자전거들이 운행되었다. 하지만 13년이 경과한 2018년에는 조중합작 자전거의 점유율이 70%에 이르렀다.

그림 4. 평양 현지 자전거 생산공장 전경(신화망; 2015. 7. 11)

북한의 평진자전거합영회사平津自行車合營会社는 중국 천진시 띠지터얼무역회사天津市地吉特爾貿易有限責任公司와 북한대외경제협력추진위원회의 합자로 설립뇌었다. 10년 전인 지난 2005년 10월 정식으로 평양에 설립되어 북한 내수시장을 장악하고 있다. 총투자액은 U$65만달러에 달하며, 양측(중국, 북한)의 지분율은 중국이 51%, 북한이 49%를 차지하고 있으며, 현재 50여종의 자전거를 생산하고 있다. (중략) 평진자전거합영회사平津自行車合營会社의 일반 자전거이외에도 유아용차, 삼륜자전거, 손수레 등도 같이 생산하고 있다.

북한에서는 (2015년) 5월 중순부터 평양 거리에 자전거 전용도로를 속속 개통하고 있어 향후 자전거 보급률 및 이용율은 지속적으로 늘어날 것으로 예측된다.

평진자전거합영회사平津自行車合營会社에 투자한 중국 기업인 천진띠지터얼그룹天津市地吉特爾集団은 공업용품, 자전거 및 부품, 전동차량, 전자부품 등을 수출입하고 있으며 천진의 교통중심지에 위치하여 해상운송, 항공운송이 편리하다.

— KOTRA 해외시장뉴스(2015. 8. 13)

이 회사의 대표 브랜드는 '모란봉', '질풍' 등으로, 하루 생산량이 500~800대, 연간 판매량이 3만~4만대를 넘는다. 자전거 생산공장은 평진 외에도 여러 개가 등장했다. 또한 최근에는 노약자를 겨냥하여 전기자전거까지 등장하여 인기를 끌고 있다.

평양 자전거 투어에 대한 상상

만약 필자가 평양 자전거 투어에 나선다면 어떤 코스를 선택할까? 물론 나 혼자가 아닌 자전거동호회 회원들과 함께 가고 싶다. 일정은 1박 2일, 주행거리는 하루 50~60km, 이틀 동안 총 100~120km 쯤 달려보고 싶다. 필자가 만들어본 코스는 〈그림 5〉와 같다. 코스는 평양역에서 출발하는 것으로 하되, 비행기로 순안공항에 도착했을 때는 자전거로 28km 떨어진 평양역으로 이동하여 합류한다. (*이 코스는 필자가 주관적으로 선정한 것이다. 만약 현지 안내원이 붙을 경우, 의무적으로 만수대 김일성 부자 동상에 참배해야 하기에 훨씬 시간이 더 많이 소요될 수 있다.)

제안 코스-평양 핵심 자전거 투어

(개성에서 기차로) 평양역 출발(기점) ▶ 광복거리 ▶ (만수대 김일성 부자 동상) ▶ 김일성광장 ▶ 능라도5.1경기장 ▶ (동평양)

문수유희장 ▶ 주체탑 ▶ 선교강안거리 ▶ 평양과학기술대학
▶ 충성의 다리 ▶ 평양역 도착(종점)

이 코스의 특징은 〈그림 5〉에서 보듯, 대동강을 사이에 두고 평양의 핵심시설을 돌아보는 데 있다. 주행거리는 첫날 50~60km, 둘째 날 50~60km이다.

전체 구간은 일부 언덕이 있지만 대동강 강변을 따라 능라도를 경유하여 동평양으로 건너간다. 문수유희장에 갔다가 대동강 강변 선교강안거리를 따라 평양과학기술대학에도 휭하니 들르고 싶다. 그런 다음 충성의 다리를 건너 평양역으로 원점 회귀하는 코스이다. 하지만 평양이 세계적인 자전거 도시로 거듭나기엔 여전히 해결해야할 난제(?)가 있다. 그것은 자전거 주행 시에 지하철과 노면전차에도 환승이 가능하도록 해야 한다는 점이다.

뒤풀이는 대동강 유람선

평양은 북한 당국이 당초 의도했든 아니든 간에 '세계적인 자전거 친화도시'이다. 외국인 관

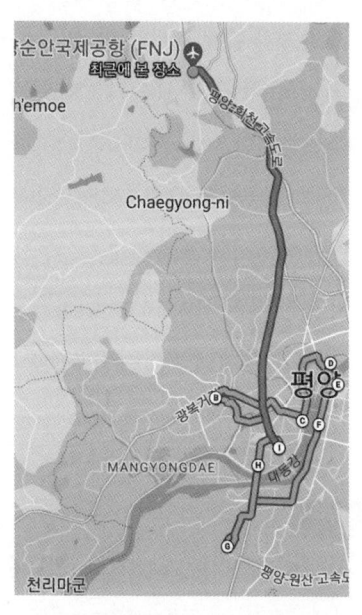

그림 5. 평양 도심 자전거 코스 제안

광객도 평양 자전거투어에 나서는데 정작 우리 국민은 평양 투어에 소외되고 있는 현실이 안타깝기 그지없다. 하루빨리 평양에서 신나게 자전거를 달릴 그날을 고대해 본다.

기왕이면 첫날 주행이 끝난 뒤에는 대동강맥주를 마시며 뒤풀이를 했으면 좋겠다. 그 뒤풀이 무대로는 평양의 야경을 즐기면서, 생맥주를 마시는 곳! 대동강 유람선 위가 최적일 것 같다.

평양의 자전거가 향하는 곳

자전거는 자유의지의 상징이다. 자전거 역사에서 살펴보았듯이, 자전거는 '개인의 발견'이라는 근대의 상징이기도 하다. '자전거 경주'를 통해 인간의 경쟁심리를 부추겼기 때문이다. 다시 말해, 문명의 발전이란 개인 간의 경쟁심리, 그 중에서도 속도경쟁을 부추겼기 때문이다.

문명의 발전이란 단적으로 말해, 개인의 평균(이동) 속도에 비례하기 때문이다. 자전거를 달리다 보면 '더 빨리' 달리고 싶어지기 마련이다. 자전거에서 오토바이로, 또 다시 자동차로 자연스레 옮겨가고 싶다. 베트남의 경우에서처럼 말이다. 호치민을 1990년 중반에 갔더니 도심이 자전거 물결로 넘쳐났다. 2000년대 중반에 갔더니 어느새 오토바이 물결로 바뀌어 있었다. 2020년 대 초반에는 자동차 물결로 또 다시 바뀌어 있었다. 평양의 자전거 물결이 부디 베트남의 전철을 따라 밟아가기를 빌어마지 않는다.

동평양은 '평양의 강남'이 될 수 있을까

동평양, 평양의 강남인가

평양은 대동강을 경계로 서평양과 동평양으로 나누어진다. 서평양은 다시 본평양과 서평양으로 나뉜다. 본평양은 본래 평양성 지역

그림 1. 평양 위성지도 ; 1→본평양, 2→서평양, 3→동평양, 4→남평양

인 중구역과 평천구역이 대상이고, 서평양은 만경대구역을 말한다.

동평양은 1980년대까지 개발에서 소외되었던 대동강 동쪽 지역을 말한다. 동평양이 획기적인 개발에 나섰던 계기는 1989년 세계청년학생축전이었다. 당시 선수단 숙소 마련을 위해 통일거리를 조성하였고, 그때 이후 고난의 행군으로 인해 개발은 중단되었다. 최근에는 동평양의 아래쪽을 따로 남평양으로 구분하기도 한다. 이 글에서는 편의상 본평양, 서평양, 동평양, 남평양으로 구분하기로 한다.

동평양 개발 주요연표

1953.	동평양역 준공(1911 개업)
1957.	동평양화력발전소 준공
1971.	동평양외교단지 건립
1978.	평양원산 간 고속도로 개통
1980.	평양산원 준공
1982.	주체사상탑 준공
1988.	동평양대극장 개관 / 통일거리 조성
1994.	개성평양간 고속도로 개통 / 김일성 사망 문수유희장 개장
1995.	당창건기념탑 준공
2010.	평양과기대 개교
2011.	김정일 사망
2012.	김정은 집권 / 류경원 개장
2013.	문수물놀이장 재개장
2016.	미림항공구락부 개장
2022.	평양종합병원 (미준공) / 송화거리(1만세대/80층apt) 준공

동평양을 일러 개발에 소외되었다는 뜻에서 '평양의 강북'이라고도 한다. 하지만 2012년 김정은 집권 이후, 종합위락시설인 문수물놀이장, 류경원, 야외빙상장, 미림항공구락부 등이 들어섰다. 2022년 초에는 송화지구 1만세대 초고층살림집 단지로 준공되었다. 따라서 동평양 지역은 개발 잠재력 측면에서 '평양의 강남'이라고 부르는 게 적절할 것 같다.

이 글에서는 동평양 지역의 개발에 대해 주요 공공시설물을 중심으로 고찰해보기로 한다. 본론에 앞서 평양의 도시 정체성이 어떻게 변화해왔는지 간략히 살펴보기로 한다.

평양의 도시 정체성 변화

평양은 예로부터 성곽도시였다. 이는 평양성이 천연해자 역할을 하는 대동강과 보통강으로 둘러싸인 천혜의 요새로써 근대 이전까지 성곽도시로 존재했던 것이다.

하지만 20세기 초반, 일제강점기와 함께 경의선 철도가 평양성을 관통하고, 평양역이 개설된다. 경의선 철도 개통 이후, 수천 년 성곽도시에서 벗어나 근대 산업도시로 거듭나게 된다. 평양역이 개설되자 평양역 주변은 소위 역세권이 되어, 인구밀도가 높아지고 덩달아 건축밀도도 높아졌던 것이다. 이 추세는 일제강점기가 끝날 때까지 지속되었다.

복구 마스트플랜과 사회주의 이상도시

그림 2. 주체탑 전망대에 오른 관광객들이 서평양을 바라보고 있다.

일제강점기 경의선 철도와 평양역 개통으로 인해 평양은 근대산업도시로 빠르게 전환되었다. 당시 일제는 평양을 만주 침략 및 만주 경영의 후방기지로 삼아 평양역 주변에 병참기지 성격의 부대와 공장들을 건설한 바 있다. 이후 결정적 변화는 1950~53년 한국전쟁으로 인해 평양이 초토화된 것이 역설적으로 사회주의 이상도시를 목표로 거듭나게 되었다는 점이다.

1975 평양지하철 연장 계획

평양 지하철 1호선 천리마선은 1973년 개통되었다. 서울 지하철보다 꼭 1년 전에 개통되었다. 2호선 혁신선은 1975년 개통되었다.

〈그림 3〉에 의하면, 지하철 3호선은 능라도를 경유하여 동평양 노선을 보여준다. 동평양 노선은 대동강과 평행을 이루는 지금의 통일

거리-청춘거리 아래로 건설될 예정이었다. 하지만 1987년(추정) 대동강 하저터널 공사 도중 불의의 붕괴사고로 인해 잠정 중단되었던 것이다.

1989년 세계청년학생축전은 지하철 노선을 건설하지 않고 비교적 성공적으로 치렀다고 한다. 당초에는 1994년 문수유희장 개장 전까지 동평양 지하철 노선을 건설할 것으로 예상했지만, 1991년 러시아 연방의 해체에 이은 심각한 경제난으로 '고난의 행군'이 시작되면서 무기한 연기되었던 것이다. 2012년 김정은 집권과 함께 본평양은 본격적인 개발에 진입한다. 예컨대, 본평양의 창광원에 버금가는 종합위락시설 류경원 준공, 문수물놀이장 재개장, 2022년 송화지구에 1만 세대 초고층살림집을 준공한 것을 들 수 있다. 다시 말해, 대규모

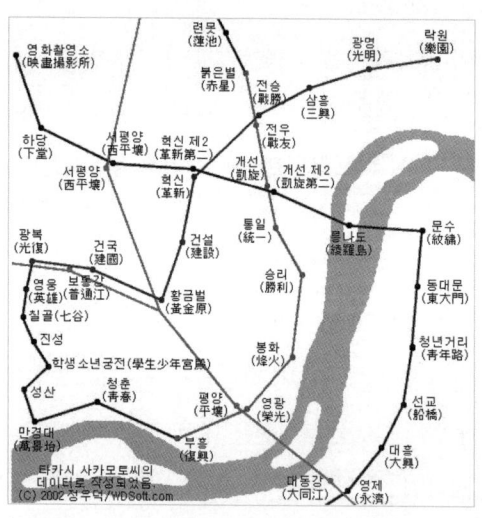

그림 3. 평양지하철 노선(동평양노선은 계획 중)

교통 유발시설이 새로 들어섰는데도 불구하고 교통난을 획기적으로 해소할 지하철 노선 건설에 대해서는 감감무소식이다. 이와 달리, 평양시민들의 실생활과 전혀 동떨어진 동서대운하 계획을 공표한 것이다. 동평양 지하철이 발등에 떨어진 불이라면, 동서대운하는 어마어마한 규모로 공상과학소설 같은 느낌이다.

● 1982 주체사상탑

이 탑은 1982년 김일성 탄생 70주년 기념으로 건설했다. 철근콘크리트구조로 된 탑의 정상에는 '주체의 봉홧불'이 타오르고 있다. 상징을 통해 주민들에 대한 세뇌와 체제 선전을 하고 있다. 주체사상탑에는 아래와 같은 비문이 새겨져 있다.

> 누리에 빛나라 주체사상이여 / 만민의 념원이 하나로 모여 / 여기 탑으로 솟아오르고 / 인류가 맞이한 새 시대를 밝히며 / 주체의 홰불은 누리에 타오른다./ (중략) 《사람이 모든 것의 주인이며 모든 것을 / 결정한다는 것이 주체사상의 기초입니다.》 / 아 인류해방의 장임한 선언 / (중략) 아 조선의 영광 / 인류의 행복을 담아 / 경애하는 김일성동지의 탄생 70돐에 / 천년 뿌리 내린 바위를 다듬어 / 주체조국의 수도 평양 유서 깊은 대동강기슭에 / 위대한 사상의 기념탑을 세우노니 / 만대에 길이 빛나라 / 영생불멸의 주체사상이여
>
> - 1982. 4. 15, 주체사상탑 헌시비문

그림 4. 통일거리 전경   그림 4-1. 조국통일 3대헌장 기념탑

이 탑에는 고속승강기가 있어 전망대까지 올라갈 수 있다. 주체탑 전망대에서 내려다보면, 인민대학습당, 고려호텔, 남쪽으로는 양각도국제호텔, 북동쪽으로는 당창건기념탑 등이다.

또한 주체탑 좌우로 통일거리의 아파트들이 거의 대칭을 이루고 있다. 이는 통일거리 조성 당시에 좌우대칭의 스카이라인을 철저히 고려했다는 사실을 확인할 수 있다. 결론적으로 주체탑의 위치는 평양시 전역을 굽어보는 곳으로 경관의 핵심이라고 할 수 있다.

2010 평양과학기술대 개교

2010년 평양과학기술대(이하 평양과기대)가 개교했다. 이는 김정일 정권의 치적 중에서 가장 주목할 만한 사건이었다. 평양과기대의 롤모델은 중국 연변에 세운 '연변과기대'였다. 평양과기대의 건설에는 호주의 복음주의 기독교 교회와 교포들이 주도했다.

(설계를 담당한 정림건축은) 부지를 직접 답사해 대동강 남쪽의 낙랑구역 승리동에 있는 부지를 선정했다. 이 부지를 선정한

이유는 대동강 남쪽에 인접한 곳이고, 평양-개성 간 고속도로와 평양-원산 고속도로에 가깝고, 부지 주변에 동평양 화력발전소 등 중요시설이 있었기 때문이었다. 그러나 이곳에 군부대가 있어 북한 관계자가 난색을 표하자 김 위원장이 직접 부지를 승인해 군부대를 이전하고 부지로 확정하게 됐다.

부지가 정해진 후 정림건축은 초기에 스케치했던 마스터플랜을 기초로 1년여에 걸쳐 현장조사 및 설계를 진행했다. 대학 정문에서 평양-원산 간 고속도로 인터체인지를 연결할 수 있도록 진입도로를 계획했으며, 캠퍼스 내에는 원형의 순환도로를 만들고 도로를 따라 건물들이 동심원으로 배치되도록 했다.

– 변상욱, '남북과 교포가 손잡고 만든 북한 첫 사립대',
주간경향 2021. 12. 10.

그림 5. 평양과학기술대 조감도(정림건축 / 경향신문 재인용)

평양과기대에 대한 자료는 인터넷에서 쉽게 찾을 수 있다. 하지만 학생들은 어떻게 선발하고, 또 수업은 어떻게 진행되는지가 늘 의문이었는데 그 궁금증을 속 시원히(?) 풀어줄 책을 읽었다. 바로 『평양의 영어선생님』(수키 김, 2015)이란 책이다. 저자는 평양과기대에서 6개월 동안 영어 교수로서 학생들을 지도하며 겪은 생생한 체험담을 들려준다. 인상적인 부분을 인용한다. (*소제목은 편의상 필자가 붙였음.)

● 평양과기대 첫인상

동료 교사들과 나는 감시원을 따라 평양과기대 측이 보내 준 버스로 갔다. 평양 도심에서 약 10분을 가서 충성의 다리와 대동강을 건너 우리는 양쪽에 농지가 있는 좁은 길로 접어들었다. 이 길은 학교 이름을 새긴 교문으로 인도하였는데 그 왼쪽으로는 작은 문이 나 있었고 뒤로는 학교 캠퍼스가 시야에 들어왔다. 그곳은 너무 외딴 곳이어서 마치 요양원 같았다. 사방이 콘크리트로 둘러싸여 있었고 빌딩들의 따분한 무거움이 이곳을 쓸쓸한 느낌으로 가득 채웠다. 왼쪽으로는 날렵하고 높다란 돌 기념비가 꼭대기를 '21세기의 태양 김정일 장군 만세'라고 쓴 거대한 글자로 뒤덮은 근처의 5층짜리 빌딩보다 더 높이 솟아 있었다.

내 눈에 평양은 아름답지 않았다. 그곳은 콘크리트 빌딩들과 굶주린 듯하고 누더기를 입은 사람들로 가득한 단조롭고 황량한 도시였다. 그러나 내 눈에 더 추하게 보인 것은 평양의 물질적 특징이 아니었다. 다만 평양이 상징하는 것 때문이었다. 그곳은 내게는 세계에서 가장 흉한 도시였고, 지평선 위로, 차창 밖으로 멀리서 볼 때마다 나는 낙심하곤 했다. 평양은 그 나라의 나머지가 노예가 돼서 그 도시를 먹여 살리는 것 같은 북한의 사나두였다. 그곳은 탐욕스럽고 피를 빨아먹는 괴물이었고, 나는 가끔 이것이 연기 속으로 사라지기를 바랐다.

– 40~41p, 『평양의 영어선생님』

2022년 기준, 평양과기대는 유엔경제 제재로 인해 어려움을 겪고 있다고 한다. 미국인 교수들이 전면 철수하고, 복음주의 교회들의 재정 지원도 예전과 달리 하강 국면이라고 한다.

평양과기대에 대한 여론은 여전히 긍정과 부정이 서로 팽팽하다. 평양과기대가 적의 심장부에 들어간 '트로이 목마'라는 설이 있는가 하면, 그 반대로 인터넷 금융범죄의 온상, '북한 해커 양산의 산실'이라고도 한다. 그럼에도 불구하고 한 가지 분명한 사실은, 북한의 수재들에게 '세계로 열린 창'을 제공한다는 점이다. (*2024년 2월 기준, '평양과 기대'(http://pust.co/), 홈페이지는 2019년 10월 23일에 멈춰 있다.)

2016 미림항공구락부 개장

'미림항공구락부는 평양 동쪽 외곽 미림지역에서 이름을 따왔다. 총면적은 13만㎡에 달한다. 미림구락부는 2016년 7월 정식 운영을

그림 6. 미림항공구락부 전경

시작했다. 2만여 명에 달하는 비행 애호가와 국내외 관광객들이 이곳에서 평양을 내려다보며 풍경 감상 및 비행의 즐거움을 만끽했다.

미림구락부는 현재 평양 명소 및 공항 상공을 넘는 노선 등 6개의 관광 항공노선을 구축하고 있다. 항공기 탑승료는 거리에 따라 20달러에서 200달러이며 현지 주민들에게는 할인 혜택이 주어진다.(번역 : 은진호)

— 원문 출처 : 신화망新華網, 2019. 9. 23

중국 인터넷 '인민망人民網'에 소개된 기사이다. 2019년 9월 이후, 평양을 찾는 중국관광객들은 경비행기로 평양 상공을 누빌 수 있다고 한다. 그동안 코로나19사태로 인해 중단되긴 했지만 조만간 재개될 예정이라고 한다.

평양판 '빵과 서커스'

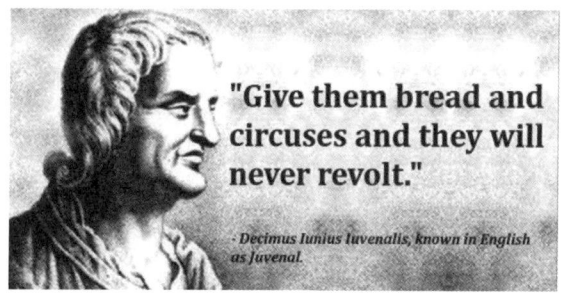

그림 7. 로마의 시인 유베날리스

'시민들에게 빵과 서커스를 제공하라. 그러면 결코 혁명을 일으키지 않을 것이다'

– 고대 로마 시인, 유베날리스

동평양의 개발은 김정은 집권 이후, '보란 듯이' 관광시설을 집중 건설한 것을 알 수 있다. 북한판 '빵과 서커스'가 떠오른다. 하지만 로마제국의 '빵과 서커스'는 시민들에게 먹을거리, 볼거리를 무한 제공하면서 '우민화'를 목표로 했다면, 북한 평양 시민들에게 '최소한 빵(배급)'만 제공하면서 '서커스' 배우 노릇을 강요하고 있는 느낌이다.

예컨대, '릉라도5,1경기장'에서 열리는 대규모 매스게임이 그렇고, 온갖 기념일 행사마다 주민을 총동원하는 대규모 행사도 그렇다. 문제는 이런 대규모 관광 위락 시설들에 대한 투자가 엄청난데도 전혀 수익으로 회수되지 않는다는 점이다. 말하자면, 투자 대비 회수가 되어야 재투자가 되고, 지속가능할 수 있기 때문이다. 평양판 '빵과 서커스'는 차라리 '빵과 서커스 배우'라고 해야 할 것 같다.

그럼에도 불구하고 동평양은 개발 잠재력 측면에서 대단히 희망적이다. 만약 남북 경제교류가 재개된다면, 남평양 지역 즉, 지하철 3호선이 확장될 것이고, 다음으로 평양과기대 주변으로 개발 붐이 일어날 것이다. 평양-원산 간, 평양-개성 고속도로의 기종점이 바로 그곳이기 때문이다. 예측컨대, 1970년대 서울의 강남 재개발 같은 건설 붐을 기대해도 좋을 것 같다.

평양몽夢의 하늘

06 평해튼의 빛과 그림자

세계 도시들 중에서 평양만한 계획도시는 없다. 6.25전쟁으로 초토화되었던 평양은 '사회주의 이상향의 계획도시'로 거듭난 덕분이다. 다시 말해 평양은 역사적으로는 1천년 이상 되었지만, 물리적으로는 겨우 70년 밖에 되지 않은 젊은 도시이기 때문이다.

여명거리 전경(자주시보)

1부 • 평양몽과 자력갱생

1960년대만 해도 평양은 말 그대로 '평등의 도시'였다. 소위 '직주근접職住近接', '도농都農근접' 원칙이 적용되었다. 소위 '소구역제(Micro-district)'라는 사회주의 도시계획에 따랐던 것이다. 그런데 지금은 어떤가? 아시다시피 평양의 별명은 '평해튼'으로 불린다. 초고층빌딩들이 우후죽순처럼 솟아났기 때문이다.

초고층빌딩은 보기에는 화려하다. 하지만 그 화려함이 얼마나 실속이 있는지, 또한 얼마나 오래 지속될 것인지는 또 다른 문제다. 예컨대, 105층 류경호텔을 보자. 당초 1989년 세계청년학생축전에 맞춰 준공하려했으나 실패했고, 그 이후 이집트 회사가 잔여공사를 진행했으나 역시 중도 포기했다. 아직도 준공을 못한 채 평양 하늘에 거대한 '허풍의 광고탑'으로 솟아있다.

평양의 초고층빌딩들이 최근에는 대동강 강변을 따라 들어서고 있다. 건설 엔지니어 관점에서 평양의 초고층빌딩에 관한 의문 몇 가지를 제기하고 싶다.

첫째, 대동강 강변(평야)은 연약지반이다.

평양은 구릉 지역과 평야로 이뤄져 있다. 구릉 지역은 동북쪽의 대성산(270m)에서 서남쪽으로 모란봉(70m)으로 이어진다. 모란봉에서 다시 보통강과 대동강 합류지역 쪽으로 이어진다. 구릉 지역의 하단부에 건설된 고려호텔(45층/1985년 완공)은 35년 세월에도 명성을 유지하고 있다. 구릉 지역 암반 위에 세워진 덕분이다. 또한 양각도호텔(48층/1995 개관)은 하중도인 양각도에 세워졌다. 프랑스 건설회사(Bernard Construction Company)와 공동 시공을 했고, 당시 프랑스 회사가 연약지반 보강기술을 제공했던 것으로 알려져 있다. 그럼에도 불구하고, 대동강 강변의 초고층 건물들은 부등침하(不等沈下)[1]가 우려된다. 연약지반에서는 파일기초나 잠함기초를 하지 않는 한 부등침하를 원천적으로 방지하기 어렵기 때문이다.

둘째, 속도전에 따른 콘크리트의 양생기간이 부족하다.

평양의 건축공사는 언제나 속도전이다. 건설은 공병부대가 전담하고 있는데, 의무복무 기간 최소 10년의 공병부대원이기에 기능의 숙련도는 가히 세계 최고이다. 하지만 치열한 돌격전, 속도전으로 부대끼리 경쟁을 시키는 방식으로 공사를 진행한다. 그러나 콘크리트 강도가 제대로 발현되려면 절대 양생기간이 필요하다. 지나친 속도 경쟁으로 인해 채 굳지도 않는 콘크리트 층 위에 또 다른 상층부가 올라가면 어떻게 되겠는가. 간간히 들려오는 평양의 건축 중인 건물의 붕괴사고는 그 원인이 속도전에 따른 콘크리트의 양생 부실로 추정된다.

---

[1] 부등침하(不等沈下) 또는 부동침하는 건축물의 기초가 장소에 따라 침하량이 다르게 나타나는 것을 의미한다. 부동침하가 발생하는 지상에 있는 건축물은 기울어지거나 벽에 균열이 발생하게 된다.

셋째, 오폐수로 인해 대동강 강물의 오염이 심해진다.

초고층빌딩은 한정된 대지 위에 층층이 쌓아올린 건물이다. 소위 집적효과이다. 반면 생활 오폐수 역시 다량으로 발생한다. 만약 오폐수 처리시설이 제대로 갖춰지지 않는다면 결국 대동강의 오염으로 직결된다. 더군다나 대동강의 서해갑문을 비롯하여 4개의 갑문으로 인해 강물이 흘러가지 않고 호수처럼 고여 있으니, 자정작용을 기대하기 어렵다는 말이다. 무더운 여름철이면 대동강과 보통강에서 악취가 심하게 발생한다는 풍문을 들은 지 오래다. 정화가 시급하다.

평해튼의 빛은 화려하기 그지없다. 그 빛이 강할수록 그림자도 짙어가고 있다. 평양의 초고층빌딩들에 대한 안전진단과 대동강 강물 정화사업이 시급한 때이다. 조만간 남북의 건설기술자들이 평해튼의 그림자를 제거하기 위해 머리를 맞댈 날을 기대해 본다.

(남북물류포럼 2020. 11. 8)

07 평양의 심야 군사 퍼레이드와 전력 사정

2023년 7월 27일 야간, 북한은 대대적인 '전승기념일' 행사를 거행했다. 이 날은 1953년 7월 27일, 유엔군과 북한 간에 '한국전쟁 정전 조인식'이 있었던 날인데, 북한은 여전히 '미제의 침략을 물리치고 승리한 날'로 왜곡하여 전승 기념식을 지속해 오고 있다. 특히 올해는 70주년 행사로 러시아 국방장관까지 초청하여 군사 퍼레이드 겸 신형무기 쇼까지 펼쳤다. 이는 다분히 우크라 전쟁에 고전하는 러시아에 북한제 무기를 수출하려는 속셈으로 읽힌다.

필자는 대규모 군사 퍼레이드에도 놀랐지만, 대낮이 아닌 야간 행사라는데 더욱 놀랐다. 어떤 이는 심야 군사 퍼레이드는 평양의 전력 사정이 상당히 호전되었다는 증거라고 평가하기도 했다. 왜냐하면, 김일성광장에서 심야 군사 퍼레이드를 벌이려면 대낮 같이 환한 조명이 있어야만 가능하기 때문이다.

이번 일을 계기로 문득 평양의 전력 사정이 궁금해졌다. 예전에 비해 얼마나 호전되었을까, 아니면 악화되었을까? 북한통 전문매체 〈38 north〉의 최근 위성사진에 의하면, 평양의 야경은 종전에 비해 훨씬 밝아졌는데, 위성사진 속의 서울과 밝기 면적을 비교한다면 여전히 미미한 수준이다. 그럼에도 불구하고, 심야에 대규모 군사 퍼레이드를 감행하는 이유는 과연 무엇일까? 지인 중 전력 전문가에게 자문을 받아 다음과 같이 정리해 보았다.

첫째, 심야 대규모 행사 시 아파트에는 제한 송전도 얼마든지 가능하다.

유튜브에 올라온 실황중계에 의하면, 평양 시내 고층건물들의 외관은 정전 수준으로 캄캄했다. 즉, 절전이든, 주민 통제 목적이든 전기 공급을 계획적으로 차단했을 가능성이 높다.

둘째, 평양에서는 요즘에도 하루에 6~8시간만 전기를 공급한다고 한다.

평양 도심에서 야간 군사 퍼레이드를 할 경우, 주 무대인 김일성 광장 주변만 밝게 하기 위해 얼마든지 제한 송전이 가능하다. 사실 1960~70년대 남한에는 '특선'이라 하여 24시간 전기를 공급받을 수 있는 회선이 따로 있었다고 한다. 평양에도 주석궁이나 당 간부 아파트 또는 특정 시설에는 송전 시간을 얼마든지 차별화할 수 있다.

셋째, 희천수력발전소의 경우, 가동 시간을 조절하여 야간에만 제한 발전과 송전이 가능하다.

희천발전소는 청천강 상류에 건설한 계단식 발전소로 총 12호기로, 전체 설계 발전량은 42만kw에 이른다. 평양-희천 고속도로는 총연장 138 km에 불과하지만, 고속도로 노선에는 전력 수요가 많은 산업시설들이 즐비하다. 예컨대, 영변 핵 재처리시설, 안주의 화학공업단지, 묘향산 국제친선전람관 등이다. 하지만 당에서 결정하면, 어느 한곳의 이의제기 없이 특정 지역에 제한 송전을 할 수 있는 게 북한 체제이다.

한편 2023년 현재, 평양에는 '태양광 전지판'(태양광 패널)이 널리 보급되어 있다고 한다. 이는 20여 년 전부터 고질적인 전력난을 해결하기 위한 방편으로 '자연에네르기'(신재생 에너지)를 적극 개발하고 권장한 결과이다. 그 중에 대표적인 것이 태양광 전지판인데, 주로 신의주 건너 중국의 단동에서 중국산 태양광 패널들을 집중 수입한 것들이다. 태양광 전지판은 가정용으로 TV 수신, 휴대폰 충전 등을 위한 용도인데, 세대별 경제 사정에 따라 축전지도 보유하고 있어, 야간에도 활용할 수 있다. 따라서 지혜로운 인민들은 당 중앙이 제한 송전을 지시하더라도 선제적으로(?) 자력갱생을 실천하고 있는 셈이다.

2019 코로나 사태 이후, 북한의 발전소들은 유지관리 상태가 더욱 부실해졌다고 한다. 압록강 위에 있는 기존의 수풍댐, 태평만댐, 그리고 동평양화력발전소, 청천강의 희천발전소 역시 정비 및 유지관리가 부실하여 갈수록 전력 생산이 감소하고 있다고 한다. 그 증거 중 하나로, 평양은 물론 지방 도시들에까지 중국산 태양광 전지판이 범람하고 있는 현실을 들 수 있다.

결론적으로 말해, 김일성광장에서 야간 군사 퍼레이드를 벌인다 하여, 이 사실 자체가 평양의 전력 사정이 호전되었다는 증거는 될 수 없다. 오히려 최근 들어 TV 시청이나 휴대폰 충전까지 태양광 전지판에 의존하는 현상을 보면, 북한의 전력 인프라가 악화를 넘어서 붕괴되고 있는 게 아닌가 하는 우려를 지울 수 없다. 2021년 3월 이래, 2023년 현재까지 평양은 초고층살림집 공사를 지속하고 있다. 따라서 전력 수요는 갈수록 급증하는데도 북한의 전력 인프라 투자는 오히려 뒷걸음을 치고 있는 것만 같다.

08. 천리마운동으로 사회주의 이상! 평양을 재건하다 - 김일성 시대 건설정책 편

건축과 인프라 관계

건축과 도시 인프라는 종종 꽃과 뿌리에 비유한다. 꽃 따로, 뿌리 따로 보다는 기왕이면 함께 다루는 게 훨씬 입체적일 수 있다. 또한 건축과 인프라는 세월의 검증을 피해갈 수 없는 법이다. 어떤 건축이든 인프라든 간에 준공 당시에는 칭송 일색이다. 하지만 최소 30년 이상 세월이 지난 후에는 공과功過가 저절로 드러나게 마련이다.

북한의 수도 평양을 이야기할 때도 건축과 인프라를 함께 이야기하고, 준공 당시의 기대와 세월이 30년 이상 지난 후의 그것이 어떻게 달라졌는가를 비교하는 관점이 필요하다.

이 글에서는 한국전쟁 이후, 70년이 지난 지금(2023) 시점에 북한의 도시 변화를 개괄적으로 조망해 보고자 한다. 평양 중심으로 하되, 시대별로 기념비적 건축물(인프라 포함)을 5개씩 들고 그 배경과 현 상태, 그리고 전망까지 살펴보기로 한다. 단, 정치적인 관점은 최대한 배제하고, 건축과 도시 인프라 정책의 공과를 중점적으로 다루기로 한다.

김씨 세습정권의 건축 행태

김일성 주석은 1945년 해방 이후, 1994년 사망할 때까지 장장 50여 년을 통치했다. 북한 사람들은 김일성 시대의 최대 치적을 어떤 사업으로 기억할까? 한국전쟁 이전에는 '보통강 개수공사'를 들 것이고, 이후에는 '평양의 전후 복구사업'을 꼽을 것이다. 물론 관점에 따라 그 대상과 평가는 달라질 수 있다. 다음으로 김정일 시대는 17년 간 지속되었다. 김일성이 전후 복구 사업에 몰두했던 반면, 김정일은 체제홍보와 우상화에 소위 '주체건축' 사업에 집중했다고 할 수 있다. 마지막으로 김정은 시대는 2012년 집권 이후 2023년 현재까지 집권 12년차를 지나고 있다. 김정일 시대의 단위 건물, 단위 프로젝트에 비해 규모면에서 훨씬 커졌다고 할 수 있다. 예컨대, 삼지연시 건설공사, 원산갈마관광단지 등을 들 수 있다.

그림 1. 만수대 언덕의 김일성 부자 동상

지금부터 김씨 세습정권의 시대별 건축(인프라 포함)을 5개씩 들고, 그 배경과 영향을 살펴보기로 하자.

김일성 시대의 기념비적 건축 5선

◉ 천리마동상(1961)

북한 정권만큼 구호를 앞세우는 정권이 또 있을까 싶다. 이들 구호 중에 원조를 들라면 단연, '천리마'일 것이다. 본래 천리마는 하루에 천리를 달려간다는 날개 달린 말이다. 이 말은 한국전쟁 이후, 북한의 전후 복구계획을 시행할 때 인민들을 독려하기 위해 벌인 천리마 운동에서부터 시작되었다.

예컨대, '당신은 천리마를 탔는가?', 최초의 구호는 요즘 들어서는 '당신은 만리마를 탔는가?'로 갱신되었다. 천리마 속도 역시 다양하게 변속(?)되어 왔다. 예를 들면, '평양속도', '희천속도', '비날론속도', '강선속도' 등이다. 북한의 모든 건설사업은 지금도 속도전을 경쟁적으로 벌이고 있다.

천리마동상(위키백과)

▶ 천리마 경제, 로빈슨 교수의 착각

1960년대 초반, 천리마운동 당시 상당 기간 북한의 경제지표가 놀라보게 상승

했다고 한다. 1964년 때맞춰 북한을 방문했던 영국의 저명한 경제학자이자 케임브리지대학 교수였던 조안 로빈슨의 탐방 기사가 온 세상을 떠들썩하게 했다. 내용인즉, 로빈슨 교수가 〈먼슬리 리뷰(Monthly Review)〉(1965. 2)에 쓴 기사 제목 「1964년의 코리아: 경제의 기적」(Korea, 1964: Economic Miracle)이었다. 탐방기 중 일부를 인용해본다.

'11년 전(1954) 평양에서는 돌 위에 돌 하나도 서 있지 않았다. (그들은 인구 1인당 1톤 이상의 폭탄이 투하된 것으로 추정한다.) 이제 인구 백만 명의 현대 도시가 넓은 대동강 양쪽에 펼쳐져 있다. 강변을 따라 울창한 나무들이 줄지어 늘어서 있고 5층짜리 건물들이 블록을 지어 서있다. 공공건물, 경기장, 극장(전쟁 동안 살아남은 지하 1개) 및 초호화 호텔. 산업 부문은 다수의 최신 섬유공장과 섬유기계 공장으로 구성되어 있다. 넓은 강과 공원으로 보존된 나무가 우거진 작은 언덕은 기분 좋은 풍경을 제공한다. (전쟁의) 잔해로 인해 서둘러 지은 작은 회색과 흰색 집들도 보이지만, 거기에도 깨끗한 차선과 함께 빛과 강물이 조화를 이루고 있어, 도시 어디에도 슬럼가는 보이지 않는다.'

– Monthly Review 1965. Jan. Vol. 16. No. 9.

1964년 로빈슨 교수의 '평양 방문기' 중 앞부분이다. 1954년은 한국전쟁이 종식된 이듬해로 평양은 그야말로 초토화된 상태였다. 첫

문장에 '돌 위에 돌 하나도 서있지 않은'이란 표현은 B29 폭격으로 인해 초토화된 평양을 뜻한다. 그랬던 평양이 깜짝 놀랄 만큼 질서정연한 도시로 재탄생했고, 도시 어디에도 슬럼가는 보이지 않는다고 했다. 아마도 로빈슨 교수는 평양성 안의 전망대 격인 연광정에서 평양 시내를 바라본 듯하다.

1960년대 중반, 북한의 공식적인 통계로는 두 자릿수의 경제성장을 거듭하고 있었다. 1인당 국민소득도 남한에 비해 4배나 높았다고 한다. 로빈슨 교수는 케인즈 학파의 일원으로 세계 경제학계에서 존재감이 있었던 학자였기에 그의 북한 탐방기는 전 세계 경제학자는 물론 국내 학계에도 대단한 충격을 주었다고 한다. 당시 수도 평양의 전후 복구에는 동독, 폴란드를 비롯한 동유럽 사회주의 국가의 전폭적인 지원이 있었고, 경제 성장 역시 동유럽 국가들의 소위 '사회주의 우호가격'이란 특혜를 누렸던데 기인한 것이었다. 그런 분위기의

그림 3. 천리마와 만리마 포스터-김정은 시대 들어 만리마로 교체

영향으로 해외에 체류하던 남한 지식인들이 우호적인 관심을 기울였고, 급기야 서독의 한국 유학생이나 남한 출신 윤이상, 이응로 같은 예술인들까지 북한과 교류하는 일이 벌어지게도 했다. 일례로 '동백림사건'도 그 연장선에 있는 것이다. 머지않아 천리마 경제의 기적은 참담한 실패로 끝나고 만다.

● 평양지하철(1973)

평양지하철은 1973년에 개통했다. 서울지하철에 비해 꼭 1년을 앞선 것이었다. 평양지하철은 무궤도전차(trolly bus)와 함께 평양시민의 발 노릇을 톡톡히 하고 있다. 평양지하철의 특징은 다음과 같다.

첫째, 지하 깊이 100~150m에 달한다.

이는 핵전쟁과 같은 비상사태 시 대피소로도 활용할 목적이라고 한다. 〈그림 4〉은 건설 당시 기록화인데, 굴삭기(포크레인) 같은 건

그림 4. 지하철공사 장면 기록화

설장비도 없이 거의 인력에 의존한 것을 알 수 있다. 개통 후에는 승강장이 지하 깊숙이 위치하고 있어 에스컬레이터를 통해 진출입 시간이 너무 길다는 점(엘리베이터 가동 안함), 화장실 등 역 구내의 편의시설도 미흡한 편이다.

둘째, 대다수 지하철역의 명칭이 혁명을 뜻하는 점이다.

역 이름은 승리, 전승, 붉은별, 혁신, 봉화, 전우 등이다. 역 이름만으로는 그곳이 과거 평양의 어느 지역인지를 가늠할 수가 없다는 점이다. 봉건왕조의 구습 타파라는 기치로 공산 혁명과 이념을 강조하다 보니, 고유 지명마저도 내팽개쳐버렸다. 그러고도 주체사상과 주체건축을 부르짖는 것은 이율배반으로 느껴질 뿐이다.

셋째, 천리마선(1호선)과 혁신선(2호선) 개통 이후, 대동강을 건너가지 못하고 있다.

당초에는 천리마선의 개선역에서 대동강 하저터널을 건설하여 능라도 5.1경기장을 경유하여 문수물놀이장으로 연결할 계획이었다. 그러나 1987년 대동강 하저터널 건설 당시 열악한 환경에 재래식 굴착장비로 하저터널 공사를 감행하다가 불의의 붕괴사고가 발생했다. 최소 1백 명 이상의 인명 피해가 있었다는데도 사고 사실은 여전히 전설로만 남아있다. 1987년 붕괴참사 이후 동평양으로 노선 연장 공사 소식은 현재까지 감감무소식으로 남아 있다.

서해갑문(1986)

서해갑문은 대동강 하구를 가로막은 총연장 7.8km의 방조제이다. 건설 당시에는 '남포갑문'이라 불렸지만 1986년 준공과 함께 '서해갑문'으로 변경했다. 서해갑문은 남포시 서쪽 15km에 위치한 갑문으로 대동강으로 바닷물의 유입을 막는 갑문, 황해남도와 남포시를 이어주는 도로 기능, 서해갑문선 철도도 부설되어 있다. 방조제에는 3개의 갑문과 함께 36개의 수문이 있고, 대형선박의 통행이 가능하도록 90m 너비로 90도 회전하는 교량도 설치되어 있다. 서해갑문의 기능은 다음과 같다.

첫째, 바닷물을 막아 대동강 연안의 농토에 염해 피해를 방지한다.

둘째, 대동강 수위를 높여줌으로써 중류까지 화물선 운항이 가능하도록 했다.

셋째, 서해갑문 상류에도 미림, 성천, 순천 등 갑문을 1천 톤급 선박이 통행할 수 있다.

넷째, 대동강 강변을 따라 평양-남포간 청년영웅고속도로를 통해 물류 이동이 원활하다.

다섯째, 한시적이긴 하지만 풍부한 수량으로 수력발전도 하고 있다.

북한 당국은 '20세기의 기적'이라고 칭송하지만, 당초에는 원치 않았던 역기능도 있다. 첫째, 평양 명물 숭어국이 사라져 버렸다. 다음으로 방조제 위에 건설된 도로로 인해 차량 통행 시 선박 통행이 불가한 점이다. 만약 차량 운행과 선박 통행이 동시에 이뤄지려면, 도로 상관의 높이를 선박 마스터 높이 이상으로 높여야만 한다. 셋째, 한겨울에는 강물이 꽁꽁 얼어붙어 쇄빙선 없이는 선박통행이 불가한 점 등을 들 수 있다.

한편, 김일성은 당초 서해갑문을 동서대운하의 선도사업으로 시작했다는 설이 있다. 즉 대동강과 동해안 원산만으로 흘러드는 금야강을 운하로 연결할 작정이었다. 김일성이 동서대운하에 집착한 이유는 한국전쟁의 실패 원인이 동해상과 서해상의 전함이 서로 격리되어 전략전술을 제대로 발휘하지 못했다는 점이라고 한다. 지난 해 김정은이 또 다시 '동서대운하' 건설계획을 들고 나왔다. 하지만 동

그림 6. 서해갑문 전경(나무위키)

서대운하가 성공하려면 해발고도 1000m 이상인 낭림산맥을 넘어가야 하는데 그건 참으로 무모한 일이기 때문이다. 그 비용 10의 1만으로 평양-원산 고속도로와 나란히 자기부상열차를 건설할 수 있다.

🌑 주체사상탑(1982)

주체사상탑(이하 주체탑)은 김일성 생일 70주년에 건설된 탑이다. 대동강 건너편 김일성광장과 그 너머 인민대학습당과 함께 도시의 종축을 이루고 있다. 높이는 170m이고, 엘리베이터를 타고 150m에 있는 전망대까지 올라갈 수 있다. 최상층부 20m 정도의 봉화가 있어 한밤중에도 불빛이 흔들거리기 때문에 실제 봉홧불 느낌이 난다.

탑 정면에서 헌시비가 있고, 거기에는 아래와 같은 헌시가 새겨져 있다.

> 누리에 빛나라 주체사상이여 / 만민의 념원이 하나로 모여 / 여기 탑으로 솟아오르고 / 인류가 맞이한 새시대를 밝히며 / 주체의 홰불은 누리에 타오른다. / 하늘에 해와 달은 있었건만 / 땅우엔 광명이 없었던 긴긴 세월 / 사람들 자주의 불빛을 찾아 / 얼마나 수난에 찬 어둠속을 헤메였던가 / (중략) / 《사람이 모든 것의 주인이며 모든 것을 / 결정한다는 것이 주체사상의 기초입니다.》 / 아 인류해방의 장엄한 선언 / (중략) /
>
> 아 조선의 영광 / 인류의 행복을 담아 / 경애하는 김일성동지의 탄생 70돐에 / 천년 뿌리내린 바위를 다듬어 / 주체조국의 수

평양몽夢의 하늘

그림 7. 인민대학습당에서 바라 본 주체탑(인터넷)

도 평양 유서 깊은 대동강기슭에 / 위대한 사상의 기념탑을 세우노니 / 만대에 길이 빛나라 / 영생불멸의 주체사상이여
- 1982. 4. 15. 주체사상탑 헌시비문

주체탑은 김일성 주석 70세 생일에 세웠지만, 후계자로 확정된 김정일이 주도한 기념비이다. 1980년대 중반, 평양 시내에 주체탑 이외에도 김일성 우상화를 위해 지은 기념비적 건물들이 수두룩하다. 개선문(1982), 인민대학습당(1982), 김일성경기장(1982), 만수대의사당(1984), 창광거리(1985), 대성백화점(1986) 등을 들 수 있다. 이들 건축물들의 공통점은 큰 규모로 인해 공사비는 엄청난데 비해 생산성은 전혀 기대할 수 없는 것들이란 점이다.

다음으로 주체탑으로 인해 수도 평양이 거대한 원형의 감옥 파놉

티콘 같다는 생각이다. 왜냐하면, 주체탑 꼭대기에 한밤중에도 부릅 뜬 눈 같은 봉홧불이 켜져 있기 때문이다.

● 능라5.1경기장(1989)

이 경기장은 1989년 5월 1일 준공되었다. 이곳에서 1989년 제13회 세계청년학생축전이 열렸다. 또한 이곳은 북한이 자랑하는 대규모 집단체조 공연, '피바다', '꽃 파는 처녀' 등이 열리는 무대이기도 하다.

경기장은 평양시 중구역 릉라도에 위치하고 있으며, 준공 이후, 수년간 세계최대 경기장의 영예를 차지하기도 했다.

총부지면적은 40만㎡, 연건축면적은 20만7천여㎡, 경기장 남북 길이 450m, 총공사비 6,874억 원, 동서 길이 350m, 수용인원은 11만 명이다.

1980년대를 북한 당국은 '위대한 건축의 시대'라고 부른다. 그 시작이 1982년의 주체탑과 개선문 건설이고, 이후 대규모 체체홍보용 건축물들을 메들리로 지었다. 위대한 건축시대의 정점에 능라5.1경기장이 있다. 이 경기장에서 세계청년학생축전을 치른 이후부터 북한경 제는 곤두박질치기 시작했다. 남한에서는 대규모 공공건축일수록 소위 투자 대비 회수를 평가한다. 하지만 북한에는 '당이 결정하면 인민은 군말 없이 따른다!'는 게 원칙이다.

결과적으로 능라경기장은 남북 간 체제 경쟁의 정점에 준공된 셈이다. 그 이면에는 남한의 88올림픽 개최권 뉴스에 충격 받은 김일성 정권이 무리하여 제13회 세계청년학생축전을 유치했고, 이 대회를 '보란 듯이' 성공시키기 위해 경기장과 선수촌 숙소 등 부대시설 건설에 국력을 탕진한 결과이다.

김일성 시대의 공과功過

1980년대 말까지 남북한의 경제 사정을 단순 비교할 때, 북한이 상대적 우위에 있었다. 설령 착시현상이었을 지라도 남한에 대한 비교우위를 믿었다는 말이다. 그런 측면에서 김일성은 죽는 그날까지, 아니 죽고 난 뒤에도 미라가 되어 영웅 대접을 받고 있다. 김일성 시대 건축과 인프라에 대한 공과를 정리하면 다음과 같다. 우선 공으로 평가하는 측면이다.

그림 8. 능라5.1경기장(나무위키)

첫째, 수도 평양을 '사회주의 이상도시'로 건설하고자 했다.

그 배경에는 동유럽 사회국가들의 전폭적인 지원이 있었던 덕분이기도 하다. 당시 최초로 등장한 '평양속도'는 동유럽식 조립식공법의 놀라운 시공속도에 기인했던 것이다. 조립식 주택은 소위 4층 이하 하모니카주택으로 단기간에 평양의 주택난을 해결했던 것이다. 당시로선 기대 이상의 성공이라 평가할 수 있겠다.

둘째, 전후 복구공사 동안 단기간에 주택난을 해소해주었다.

1950~1953년 한국전쟁 이후, 극심한 주택난을 천리마운동을 통해 해결해 주었다. 천리마운동이 성공적일 수 있었던 배경에는 그 수혜자가 곧 인민들이었다는 점이다. 따라서 군관민이 혼연일체가 될 수 있었고, 그 효과가 빠르게 실현되었던 것이다.

셋째, 주체건축 등 독창적인 스타일의 공공건축 정책을 들 수 있다.

1980년대 소위 '위대한 건축의 시대'는 체제홍보용 건축들이 주를 이루었다. 인민대학습당, 만수대예술극장, 평양 대극장 등 철근콘크리트 구조임에도 불구하고, 전통을 현대적으로 재해석한 독창적 건축물들을 건설함으로써 문화적 자부심을 고취시킨 점이다. 그 와중에 1984년 남한의 홍수 피해에 대해 시멘트, 곡물 등 물량 지원을 '울며 겨자 먹기'식으로 해주기도 했다.

'빛이 강하면 그늘도 짙은 법이다.' 이런 긍정적인 측면과 달리, 부정적인 측면도 들지 않을 수 없다.

첫째, 1980년대의 과도한 규모와 과시성 건축 및 행사로 국가 재정이 고갈된 점을 들 수 있다. 1980년 대 초반의 체제홍보용 주체건축에서부터 막바지 1989년. 그 절정에 1989년 세계청년학생축전이 있었다. 당시 세계 최대 규모의 능라5.1경기장 건설을 포함, 부대시설, 대단위 선수촌아파트 건설 등으로 인해 재정적으로 회복 불능한 지경에 이르렀다. 다음으로, 도시기반시설의 개보수, 유지관리 및 신규 개발을 등한시한 점을 들 수 있다. 1945년 해방 당시 북한은 일제 강점기 동안 대규모 중화학공업 투자로 인해 세계 10위권 공업국가로 불릴 정도였는데도, 한국전쟁 이후 인프라 보다 체제홍보용 과시성 건축에만 매달렸기 때문이다.

결론적으로 김일성 시대는 1950년대 초반의 전후복구 공사는 성공적이었다. 그러나 김정일 후계 체제 이후, 체제홍보용 주체건축과 우상화 사업에 과도한 투자를 하는 바람에 국가 재정의 고갈을 초래했고, 김일성의 갑작스런 사망으로 이어진다. 따라서 김정일 정권은 곳간에 텅 빈 상태로 국가를 물려받았던 셈이다. (속편 김정일 시대로 이어짐).

『주체건축론』, 예술과 프로퍼갠더 (propaganda) 사이
- 김정일 시대 건설정책 편

김정일 시대의 건축 열기

김일성은 한국전쟁(11950~1953)으로 폐허가 된 평양을 재건하는 데 총력을 기울였다. 물론 김일성 정권 혼자 힘으로 한 재건은 아니었다. 알다시피, 평양의 전후 복구사업에는 러시아와 중국은 물론 동독과 폴란드 등 동구권 사회주의 국가들의 상당한 지원이 있었다. 그리하여 1960년대 중반에는 '평양=사회주의 이상도시'라는 평가를 받을 정도였다.

복구사업 동안 김일성은 인민들의 전폭적인 지원을 받았던 것으로 전해진다. 또한 전후 복구사업 이후에는 후계자 김정일(1941~2011)의 공헌도 상당했다. 그 이면에는 후계자 경쟁 동안 김정일이 초반 열세를 보기 좋게 뒤집을 수 있었던 것은 김정일 특유의 프로퍼갠더 전략을 꼽을 수 있다. 예컨대, 집단 가극 '피바다', '꽃파는 처녀' 등의 제작과 혁명을 다룬 영화 제작이 주효했던 것이다. 물론 영화 제작을 성공적으로 할 수 있었던 배경에는 남한의 유명영화인 신상

옥 감독과 배우 최은희를 납치하여 이들을 적극 활용했던 것을 들 수 있다.

이리하여 김일성 주석과 혁명 1세대 원로들의 환심을 사는데 성공했고, 마침내 후계자 지위를 쟁취할 수 있었다. 그때가 1980년이었다.

이후 김정일은 1982년 김일성 탄생 70주년을 맞아 '주체사상탑'을 비롯하여 기념비적 건축물을 짓는데 과잉 충성을 표현했던 것으로

김정일 시대 주요 연표

1994	남북정상회담 예비접촉
	김일성 사망
1995	청류교 준공
1996	평양희천고속도로
1998	김정일 위원장 취임
1998	정주영회장 소떼 방문
2000	6.15 남북공동선언문
	개성공단 설립 합의
	1차 남북이산가족 상봉
2001	인천국제공항 개항
2002	금강산관광지구법 공포
2004	개성공단 가동
2009	화폐개혁
2010	천안함 피격사전
	평양과학기술대학 준공
2011	류경호텔(미준공)

그림 1. 청류교(대동강, 1995)

볼 수 있다.

한편 김일성은 죽기 직전까지 남북통일의 꿈을 버리지 않았다고 한다. 통일이 무력에 의한 것이든, 정치적인 협상에 의한 것이든 간에 말이다. 그 꿈의 절정은 1994년 남북정상회담 개최 준비였다. 하지만 김일성은 회담 개최 1주일을 앞두고 급작스럽게 사망한다. (김정일은 통일을 할 경우, 자신의 신분 보장이 위험할 거라는 판단 하에 통일을 원치 않았다고 한다. 따라서 김일성의 갑작스런 사망 이후, 한동안 '김일성 암살설'이 돌기도 했다.)

1995년 바야흐로 김정일 시대의 막이 올랐다. 하지만 김정일은 집권하자마자 어마어마한 삼각파도에 시달리는 조각배 신세가 되었다. 국내는 1989년의 세계청년학생축전을 보란 듯이 개최했던 후유증에다, 국제적으로 1991년 러시아연방의 해체로 인해 사회주의 우방들의 지원이 하루아침에 뚝 끊기고 말았던 것이다. 결과적으로 김정일 시대의 개막은 내우외환의 시작이었다. 1994년부터 10년 간 스스로도 인정한 '고난의 행군' 시대가 시작된 것이다.

김정일 시대의 대표적인 프로젝트들을 살펴보기 전에 먼저 살펴볼 게 있다. 바로 김정일의 건축철학이라 할 수 있는『주체건축론』이다.

김정일의 '주체건축론'

'건축도 하나의 예술이다. 그러므로 건축창작도 반드시 반복적이지 않아야 한다. 건축물을 설계할 때 절대로 다른 건물 형식을 본떠서는 안 된다. 설계에서 유사성과 반복은 금물이다.

'주체 시대의 요구와 인민 대중의 지향과 요구를 실현하기 위한 건축계획 과정에서 사회주의, 공산주의 건축 창조를 위한 실천투쟁을 통하여 주체건축이론을 철저히 구현함으로써 새롭고 독창적이며 혁명적인 우리 식의 건축을 창조하여야 한다.'

– 김정일 주체건축론

김정일 위원장은 1992년 『건축예술론』을 발간했다. 위 글은 『주체건축론』의 핵심 주장으로써 서문의 일부이다.

김정일이 1980년 김일성 주석의 후계자로 지목된 이후, 체제 선전 겸 대형 공공 건축물들은 김정일이 주도했다고 해도 과언이 아니다. 따라서 1980년대 중반을 '위대한 건축의 시대'라고도 한다. 하지만 그 시대는 김일성의 치적으로 평가되어야 한다.

이 글에서는 1995년 김정일 시대가 개막된 이후에 준공된 5가지 프로젝

트를 소개한다.

◉ 청류다리(1995)

청류교는 대동강 위에 세워진 6개의 다리 가운데 가장 늦게 준공된 다리이다. 다리 남쪽에는 릉라교가 위치한다. 1989년에 건설을 시작하여 1994년에 준공하였다. 청류교는 대동강 양안 즉 모란동구역과 동평양의 대동강구역을 연결하는데, 능라도 5.1경기장과 동평양의 문수물놀이장을 이어준다고 할 수 있다.

다리의 형태는 사장교와 아치교가 혼합된 모습이다. 사장교 구간은 길이 450m로써, 릉라도와 청년거리, 문수거리를 연결한다. 1989년 12월에 착공하여 1994년 11월에 준공되었다. 홍예교 구간 길이는 650m로써 청류동굴(청류터널)과 릉라도를 연결한다. 1994년 11월에 착공하여 1995년 10월에 준공되었다. 교폭은 28.0m, 총길이는

그림 3. 청류교 사장교 구간(좌)과 기념우표(sunroad.pe.kr 재인용)

1,100m이다.

〈그림 3〉에서 알 수 있듯이, 청류교는 북한 최초로 건설된 사장교와 홍예교를 혼합한 교량으로 준공 기념우표까지 발행한 것을 알 수 있다. 국내 최초의 사장교는 1984년 준공된 진도대교인데, 평양의 청류다리와는 시간적 격차가 11년이라는 점이다.

● 평양·희천고속도로(1996)

평양을 방문하는 외교 사절이나 관광객들이 반드시 들러야 하는 곳들이 있다. 물론 본인 의지와 상관없다. 예컨대, 만수대 동상, 금수산태양궁전 참배, 그리고 묘향산 기슭에 있는 국제친선전람관 등이다. 이들 중에서 국제친선전람관은 외국 정상들이 북한 김일성 주석에게 준 선물들을 전시해 놓은 공간으로 체제 선전 및 우상화 차원에서 준공된 건물이다. 평양에 도착한 외국 관광객들은 둘째 날에 이곳을 방문하는데, 이곳으로 가는 전용고속도로가 평양·희천고속도로이다. 총연장 138km이고, 노선 상에 있는 주요 도시들이 순안, 안주, 영변, 향산 등이다. 순안에는 평양(순안)국제공항이 있고, 안주에는 무기공장, 영변은 조선시대부터 철옹성으로 불리었고, 또한 소월의 절창! '진달래꽃'의 무대인 약산과 동대 아래에는 우라늄 농축시설이 있다. 향산에는 북한의 명산 묘향산이 있고, 그 기슭에 국제친선전람관이 있다. 당초 계획된 종점은 희천시였으나 건설 당시 '고난의 행군'으로 인한 경제난으로 중도 마감된 채 2023년 현재에 이르고 있다. 희천에서 동북쪽으로 132km 떨어진 도시, 강계는 한국전쟁 당

그림 4. 평양희천 고속도로(청천강 구간), 북한의 고속도로 노선

시 북한의 임시수도 역할을 했던 곳이다.

한편 이 고속도로의 효용가치를 따져본다면 가장 먼저 문제 제기를 할 것이 있다. 그것은 대 중국 교역 측면에서 평양 신의주간 고속도로가 더 시급했다는 점이다. 그럼에도 불구하고, 평양 희천 간을 강행한 것은 무슨 이유일까? 체제 안전과 체제 선전이 인민 경제보다 우위에 있다는 반증이라 할 수 있다.

북한에서는 이 고속도로를 관광용이라고 주장하지만, 노선 상에 있는 도시들을 보면 관광 이외에 군사적인 목적이 우선이고, 여차 하면 가장 단기간에 중국으로 연결할 수 있다는 점이다. 만약 남북경협이 재개될 경우, 평양·희천고속도로는 강계를 지나 중국과의 국경도시인 만포까지 연장되어야 할 것이다.

● 개성공단 (2004)

개성공단 부지에는 당초 북한 주력 전차부대가 상주하고 있었다. 개성공단 부지를 개발하려면 군부대의 후방 이주가 전제되어야 했다. 북한 군부의 저항이 만만찮았지만 김정일의 결단에 의해 군부대의 후방 이전이 전격적으로 결정되었다고 한다.

개성공단은 2004년 본격 가동에 들어갔고, 약 10년 여 순항하는 동안 남북경협의 상징이었다. 전성기 때는 남한 중소기업 123개가 입주했고, 북한 측 고용인원도 55,000명(2015년 12월 기준)에 이르렀다. 비록 2013년 전면 철수한 뒤, 현재까지 중단 상태가 지속되고 있다. 하지만 개성공단 10년 동안 남북경협은 결코 적지 않은 것들을 남겼다.

① 중소기업의 활로 개척과 남북 상생 협력 ② 남북간 긴장 및 군사적 대치 상태 완화 ③ 남북 근로자 간의 상호 이해 증진 및 동질감 회복 ④ 남북 경협의 상생 모델 시험 등이다.

만약 남북경협이 재개된다면 개성공단 역시 재개될 것이다. 그럴 경우, 개성공단 조감도 상의 확장 부지도 금세 입주가 될 것이다. 그럴 경우, 포스트 개성공단을 어디로 할 것이냐가 관건이 된다. 만약

그림 5. 개성공단 조감도(확장 부지 참조), 개성공단 전경(중앙일보 제공)

제2의 개성공단을 개설한다면, 황해도 해주가 가장 유력한 후보로 꼽히고 있다. 그 이유는 인천에서 해주까지 해상고속도로를 건설한다면, 해주-인천-서울-개성을 1시간 이내로 연결시켜주기 때문이다. 그런 날이 하루빨리 오기를 빈다.

● 평양과학기술대학교(2010)

평양시 락랑구역 승리동에 있는 대학교이다. 평양과학기술대학교는 북한 정권 이래 최초의 사립대학이다. 북한의 교육성(교육부)과 사단법인 '동북아교육문화협력재단'이 공동으로 투자하여 설립했다. 계획안이 2001년부터 공사를 시작한 이래 10년 째인 2010년에 개학하였다. 특히 재미교포 복음주의 계열, 특히 캐나다 토론토에 위치한 본 한인교회(Vaughan Community Church)에서 가장 많이 투자하

그림 6. 평양과기대 조감도(건축사 신문)

였고, 매년 초청교수 형식으로 전/현직 대학교수들이 강의에 참여하며, 강의는 영어 수업으로 진행한다.

이 대학이 자리 잡은 곳은 평양-개성간 고속도로와 평양-원산 간 고속도로가 교차하는 지점이다. 입지조건만으로도 발전 가능성이 상당히 높은 곳이다. 2013년 기준, 학부생 300명, 대학원생 76명이었다. 당초 목표는 학부생 2,000명에 대학원생 600명 수준이다.

2013년 기준, 개설된 학과 중 '건축/토목학과'가 없고, 향후 개설 예정이라는 점이 눈길을 끌었다. 남북경협이 재개된다면 영순위로 북한 인프라 투자를 꼽고 있는데, 하루빨리 건설 관련 학과가 개설되었으면 하는 바램이다.

한편 이 대학교는 개교 당시에는 전 세계 언론의 주목을 받았다. 물론 전망은 자유진영에서 보낸 '트로이 목마'라는 설을 비롯하여 대체로 긍정적인 면이 많았다. 하지만 일부는 첨단 디지털 교육을 통한 '해커양성소' 역할을 할 것이란 주장도 있었다. (*평양과기대 내에서는 여전히 인터넷 접속이 금지되어 있다고 한다.)

이 대학의 운영 방식이 자못 궁금했는데, 일시에 해소시켜준 책이 발간되었다. 잠입 르포 형식인 『평양의 영어선생님』 내용 일부를 인용해 본다.

> 북한 체제에 관해 더 알면 알수록 그들의 학점에 대한 집착이 공부를 잘하고 싶어 하는 열의 이상의 것에서 나온다는 것을 알

그림 7. 잠입르포 형식의 책

게 됐다. 그들은 학점과 등수가 실제로 그들의 미래 전체를 결정짓는다고 믿었다. 예를 들어 그들은 대학에 지원하지 않았다. 그들은 대학 입시를 고교 2, 3학년 때 치렀고 그러면 지방정부가 그들이 어느 대학에 갈지를 결정했다. 면접은 없었다. 하지만 이 모든 것이 학점으로 결정되지는 않았다. 부모의 배경 또는 '성분'이 그들이 어느 대학에 배정될지를 결정하는 데 핵심적 역할을 했다. 김 총장에 따르면 이 나라 당 간부들 모두가 아들을 공사현장 대신 이곳에 두고 싶어 했기 때문에 다음 해 평양과기대 학부학생으로 들어오기를 원하는 긴 대기자 명단이 있다고 했다. 부패는 도처에 있었다. 그들의 학점은 그들을 구원해 줄 유일한 것이 아니었지만 그들이 조정할 수 있는 유일한 것이었다.

– 수키킴, 『평양의 영어선생님』, 2013. P225

이 책을 읽고 난 뒤, 평양과기대에 대한 일련의 궁금증이 상당 부분 해소되었다. 만약 남북경협이 재개된다면 이 대학 졸업생의 몸값은 천정부지(?)로 뛸 것만 같다.

🌑 류경호텔, 세계 최대의 광고판?(2011)

류경호텔은 당초 준공 목표가 1989년이었다. 남한의 최고층 빌딩 '여의도 63빌딩'에 충격 받은 나머지, 단기간에 이를 능가하는 빌딩을 짓겠다는 오기로 시작했던 것이다. 하지만 경제적인 이유로 1989년 준공은 미뤄졌다. 이후 프랑스 건설회사, 이집트 통신회사 '오라스콤 텔레콤'도 재개에 도전했지만 불가피한 이유로 포기하고 말았다. 2023년 현재까지 여전히 준공을 못하고 있다.

그렇다면 준공을 못하는 이유가 과연 무엇일까? 다양한 이유가 난무하고 있지만 대체로 3가지 설이 유력하다. 첫째, 기초 부분의 부동침하로 인해 안전성이 우려된다는 점이다. 당초 연약 지반을 고려하여 구조 안전성 측면에서 가장 확실한 삼각형 평면에다 상부 구조 역

그림 8. 세계 최대의 미디어파사드 광고탑, 2008년 공사 재개 당시 최상부 골조 공사

1부 • 평양몽과 자력갱생

시 피라미드처럼 높아질수록 평면이 줄어드는 구조를 채택했다. 하지만 평면의 중앙 부분이 서서히 침하한다면 전체 구조의 안전을 담보할 수 없는 것이다. 둘째, 경제난으로 인해 실내 공기조화설비 및 마감 공사를 할 수 없을 것이란 점이다. 셋째, 평양의 심각한 주택난으로 인해 이 빌딩의 준공 보다 시급한 살림집 공사에 재원과 기술 인력을 총동원하기에 더 이상 여력이 없을 수 있다.

2023년 이 호텔은 세계 최고의 실패 사례로 조롱거리로 전락했지만 북한 당국은 아랑곳 없이 첨단 홍보 전략을 구사하는 중이다. 10만 개 LED 조명등을 동원하여 '인민대중 제일주의'를 화려하게 홍보하는 중이다.〈그림 8 참조〉

위대한 건축의 뒤끝

1982년 이후 10년간을 북한에서는 '위대한 건축의 시대'라고 부른다. 김일성 탄생 70주년을 기념할 겸 후계자로 낙점된 김정일의 자기 과시가 오버랩이 되던 시기였다. 동평양의 주체사상탑을 필두로 체제 선전 겸 우상화 작업을 공공 건축물로 펼쳤던 것이다. 그 정점에 1989년 '제 13회 세계청년학생축전'이 있었다. 국제 규모의 이 대회는 남한의 '88올림픽 유치'에 대한 반작용으로 유치했고, 이 대회의 성공을 위해 뒷감당은 안중에도 없이 국가 재원을 마구자비로 쏟아 부었던 것이다. 가장 대표적인 것이 당대 세계최대의 스타디움인 '릉라도 5.1경기장'과 부속 경기장, 그리고 선수단의 숙소인 광복거리 건설 등을 들 수 있다.

세계청년학생축전을 어마무시한 빚잔치로 벌였을 지라도 김정일은 믿는 구석이 있었다. 그것은 중국과 러시아가 언제까지 큰 형님 노릇을 하며 후원해줄 줄 알았던 것이다. 하지만 '불행은 결코 혼자 오지 않는 법'이다.

1991년 러시아연방이 해체되면서 졸지에 사회주의권의 지원이 뚝 끊기고 말았다. 1994년 김일성 주석의 사망과 함께 '고난의 행군' 시대가 10년 동안 지속되었던 것이다. 이 기간 동안 김정일 정권의 인프라 투자는 거의 실종 상태로 변했다.

그럼에도 불구하고 김정일 시대 남북 교류의 새 희망이 하나있다. 그것은 평양과학기술대학교의 개교였다. 이 대학교는 천안함 사태 동안에도 운영되었을 정도로 정치적 풍파로부터 안전했다. 다만 지난 코로나19 사태 3년 동안 거의 정체 상태였다는 점이다. 남북경협이 언제 재개될지는 모르지만 평양과기대가 배출하는 인재는 남북 교류의 미래 자산임에 틀림없다.

만리마는 언제까지 질주할 것인가
- 김정은 시대 건설정책 편

만리마속도의 신화?

김씨 3대 정권은 체제 유지와 우상화를 위해 '건설 정책'에 몰두해 왔다. 김일성은 한국전쟁으로 인해 폐허로 변한 수도 평양을 단기간에 '사회주의 이상도시'로 복원하는데 몰두했다. 김정일은 『주체건축론』을 저술할 정도로 뚜렷한 건축관을 주장하면서 평양의 '극장국가의 주무대'로 변모시킨 바 있다. 다음으로 김정은은 선대와는 달리, 국제적 규모의 관광단지 개발에 주력한 바 있다. 하지만 유엔경제제재에 이은 코로나19 사태라는 연이은 악재로 인해 자승자박의 함정에 빠진 형국이다. 하지만 2016년부터 '만리마속도'라는 구호 아래 여전히 건축공사를 다그치고 있다. 김정은 시대의 대표적인 건설 구호를 꼽으라면 단연 '만리마속도'이다. 우선 김정은 위원장의 집권 이후, 김일성 시대의 '천리마속도'가 어떻게 변주되었는지부터 살펴본다.

김정은 시대 들어 북한은 경제상황의 호전을 발판으로 삼아 '조선속도창조'라는 새로운 속도창조운동을 벌이고 있다. 북한

이 '조선속도'의 성과로 내세우는 대표적 사업은 '마식령속도'라는 신조어의 배경이 된 마식령스키장 건설, 수산사업소를 비롯한 동해 수산기지 건설, 위성과학자주택지구 및 김책공업종합대학 교육자 주택 건설, 연풍과학자휴양소 건설, 송도원국제소년단 야영소 및 5월 1일 경기장 리모델링, 10월 8일 공장 건설 등이다. 2016년 제7차 당대회 이후에는 '만리마속도 창조운동'을 독려하고 있다.

- 통일교육원, 『북한지식사전』, 443쪽

북한 노동당 기관지 노동신문은 지난(2017년 3월) 17일 "수소탄을 백발, 천발 쏜 것보다도 더 위력한 대승리가 련이어(연이어) 이룩된 려명거리(여명거리) 건설장이야말로 만리마속도 창조의 고향"이라고 여명거리를 추켜세웠다.

- 스포츠조선, 2017. 3. 18

그림 1. 려명거리 선포 5년(통일뉴스 2021. 3. 17)

평양을 일명 '평해튼'으로 부르기 시작한 계기가 '려명거리'로부터 비롯되었다. 려명거리 이후, 초고층 살림집들이 우후죽순으로 등장했기 때문이다.

김정은 시대 건축 프로젝트 5선

2012년 김정은 집권 이후 작년 말까지 꼭 10년이 지났다. 그동안 김정은 정권의 대표적인 건설 프로젝트들은 여러 차례 다룬 바 있다. 예컨대, 원산갈마 국제관광단지, 삼지연시, 평양종합병원, 송화·화성지구 살림집, 보통강안 다락식주택구(경루동) 등이다. 물론 이들 프로젝트가 김정은 시대를 대표하는 건축들이기도 하지만, 이미 지난 호에 소개했기에 제외하기로 한다. 이 글에서는 김정은 시대의 치적 사업으로 주목할 만한 프로젝트 5개를 소개하기로 한다.

● 문수물놀이장 개건(2013)

평양시 대동강구역 청류3동에 위치한 워터파크이다. 김정은의 3대 전시 치적 시설물 중 하나로 꼽힌다.

당초 문수물놀이장은 1992년 7월 19일에 착공하여 1994년 6월에 개장한 '문수유희장'이 전신이었다. 2013년 초 김정은의 지시에 따라, 2013년 초부터 공사에 들어가서 2013년 10월 15일에 준공하고 개장했다. 이후 2015년 1월부터 전면 보수 공사를 한 뒤, 10월에 공사를 끝냈다.

총 면적은 $109,000m^2$인데, 야외 구간과 실내 구간이 있다. 야외

그림 2. 2015년 전면 개건(리모델링) 문수물놀이장(남북경협뉴스)

구간은 6월부터 9월 말까지의 하계 시즌에 운영되는데, 여러 색깔로 장식된 14개의 워터슬라이드, 5m, 7.5m, 10m 다이빙 보드가 있는 수영장, 워터파크 전체를 흐르는 유수풀, 파도풀 등 10여개에 달하는 수조, 인공폭포가 있다. 이 워터파크에 쓰이는 물은 남포에서 평양으로 연결된 수도관을 통해 서해의 바닷물을 수송관을 통해 끌어온 것이라고 한다.

입장료는 어른은 2만 원, 학생은 1만 2천 원이다. 북한 노동자 월급이 4천 원 남짓이란 것을 감안하면 입장료도 상당히 비싼 편이다. 참고로 외국인들은 북한인과는 산정 기준이 달라 입장료로는 2유로(약 3달러), 이용료로는 10유로(약 14달러)를 내야 하는데, 이는 북한 주민에게서 내화를 받고, 외국인에게 외화를 받아 달러를 벌겠다는 의도라고 한다. - 나무위키 참조.

문수물놀이장은 김정은 집권 초기에 평양시민들의 환심을 사기 위해 대대적인 리모델링을 했다고 한다. 평양시민은 물론, 평양을 방문하는 외국인 관광객들도 체제를 홍보하기 위한 의도가 다분했다고 할 수 있다. 운영 상 여러 가지 문제가 있지만, 그 중에서도 동평양으로 지하철 노선이 없기에 접근성이 좋지 않다는 점이다.

과학기술전당(2015)

북한을 '극장국가'라고 하고, 평양을 극장국가의 대표무대라고 한다. 이때 공공건물은 제각기 개성 넘치는 세트장인 셈이다. 이들 공공건물 중에서도 대동강 쑥섬의 주인공, '과학기술전당'만큼 독특한 외관을 자랑하는 건물은 없다. 10만 m^2 면적의 전당으로 외관이 원자 모양을 하고 있어 구글어스로도 확연히 드러난다.

그림 3. 쑥섬의 과학기술전당 전경(자주시보)

이 건물은 2015년 10월 개관했다. 건물의 용도는 과학기술의 전시관, 전자도서관, 디지털 데이터베이스 센터 등이다. 나무위키 기사, 조선신보에 의하면, 내부 시설로는 어린이꿈관, 장애자열람실, 기초과학관, 첨단과학관, 첨단과학기술관, 응용과학기술관 등으로 구성되어 있다. 주로 초중고 학생들을 위한 실습 및 전시관으로 활용하고 있다. 유튜브에서도 과학기술전당에서 올려놓은 홍보 동영상을 감상할 수 있다.

한편 북한 당국은 이 건물에 '인터넷 데이터센터'(이하 IDC)를 구축해 놓았다고 하는데, 일부 전문가는 의혹을 제기하고 있다. 그도 그럴 것이 IDC를 구축하려면 건물의 기초공사 당시에 상당한 투자를 해야 하는데, 기초공사가 5개월로 단기간에 이뤄진 걸로 봐서 IDC가 아닐 거라고 한다.

다시 말해, IDC는 일반적으로 상면시설(서버실), 전원시설(UPS/배터리/전기실), 공조시설(기계실), OP룸 등으로 구성돼 있다. 건축 측면에서는 내진 설계, 대침수 설계, 방호 설계, 보안 설계 등이 갖춰져야 하며, 전력 인프라 측면에서는 수전 이원화, UPS 이중화, 발전기 등 정전되더라도 전원 공급이 끊어지지 않도록 시설이 구축돼야 한다. 아울러 항온설비, 냉방설비를 통한 서버실 24시간 통합제어 시스템 등 공조 인프라도 요구된다. 소방방재 인프라 역시 중요하다. 비상 시 또는 재해 시 고객의 시스템 및 데이터를 보호하기 위해 화재 예방, 화재 탐지, 소화 설비 시스템 등을 구축해야 한다.

– 출처 ; 컴퓨터월드 2022. 11.30

한편 과학기술전당이 위치한 쑥섬은 대동강의 하중도이다. 즉 퇴적지형으로 연약지반일 텐데, 기초공사를 불과 5개월 만에 완료했다고 한다. 한강의 여의도나 낙동강의 을숙도의 경우, 건물의 기초공사에는 최소한 1년이 소요되는데 5개월 만에 기초공사를 완료했다는 것은 결코 자랑할 일이 아니라는 것이다. 더군다나 IDC까지 구축했다는 사실은 도무지 납득하기 어렵다고 한다. 만리마속도로 지어진 평양의 모든 건물을 포함하여 과학기술전당 역시 '세월의 검증'을 기다려야만 할 것이다.

● 중평남새온실농장(2019)

'지난해(2018) 7월 경애하는 최고령도자동지께서는 함경북도의 여러 부문 사업을 정력적으로 현지지도하시던 나날 도내인민

그림 4. 기념우표(SPN 서울평양뉴스)

들에게 절실한 그 무엇인가를 하나라도 마련하여 주고싶으시여 군사기지를 철수시키고 대규모남새온실농장과 양묘장을 건설할 원대한 구상을 펼치시고 (중략) 지난해 9월말 착공의 첫삽을 박은 인민군군인들은 1년 남짓한 기간에 방대한 면적에 거창한 온실바다를 펼쳐놓았으며 온실농장지구의 현대적인 살림집건설, 문화후생시설건설, 양묘장건설을 마감단계에서 적극 다그치고 있다.(하략)'

– 조선신보 2019. 10. 18

이 기사에 의하면, 기존 군부대 시설을 이전한 뒤, 남새농장과 남새농장을 운영할 마을까지 건설한 것을 알 수 있다. '중평남새온실농장'은 착공한 지 1년 만에 준공했다고 한다. 〈그림 4〉는 남새농장의 준공 기념우표이다. 북한 당국이 얼마나 이 농장에 대단한 의미를 두고 있는지 알 수 있다.

'함경북도 경성군의 한 주민 소식통은 28일 "중평리에 남새온실농장이 생긴지 2년이 지났다"며 "당국은 온실을 건설하면서 경성군과 함경북도 주민들이 덕을 크게 볼 것이라고 요란하게 선전했지만 온실에서 생산된 남새(채소)는 우리 같은 서민을 위한 것이 아니었다"고 자유아시아방송에 전했습니다.

소식통은 "지난주에 노동신문은 중평남새온실농장이 작년에 오이, 토마토, 부루(상추), 쑥갓을 비롯한 1만여 톤의 신선한 남새를 생산해 도내 인민들에게 공급했다고 선전했다"면서 "하지만 정작 온실농장이 있는 경성군의 일반 주민들은 온실농장에서 생산한 남새를 공급받아본 적이 없다"고 설명했습니다.

- 자유아시아방송 2022. 03. 01

그럼에도 불구하고, 이 온실 농장 준공 이후, 북한 전역에 후속 농장들, 예컨대, 함경남도 연포온실농장, 평양시 강동지구온실농장 등이 속속 등장하고 있다. 즉 중평남새농장이 선발대 역할을 톡톡히 하고 있는 셈이다.

● 양덕온천 문화휴양지 (2020)

양덕온천은 조선시대에도 유명했다고 한다. 『신증동국여지승람』에는 '초천온천草川溫泉'로 표기되어 있다고 한다.

김정은은 당초 외국인 관광객을 유치할 목적으로 이 온천을 개발했다고 한다. 2018년 11월 착공하여, 이 사업 역시 속도전을 감행하여 1년 만인 2019년 12월 7일 준공했다. 주요 부대시설로는 호텔·여관(콘도)·펜션, 치료·요양시설, 실내·야외온천장, 한증막, 온천치료실, 대중안마실, 스키장, 승마공원, 주택 등으로 이뤄져 있다.

개장은 2020년 1월 10일 했으나 예상치 못한 코로나19 사태가 터졌다. 이로 인해 개장 2개월 만인 2020년 3월 영업을 중단했다. 영업 중단 이후, 2023년 7월 15일에 다시 영업을 재개했지만 코로나 사태 후유증으로 개업 휴업 상태에 있는 형국이다.

그림 5. 양덕온천 전경-뒤쪽에 스키장도 있다. (동아일보)

양덕온천은 평양에서 122km 떨어져 있다. 〈그림 5〉에서 보듯이, 온천휴양지 뒤쪽으로 스키장도 건설해 놓은 걸 보면, 국내용이 아니라 외화벌이 즉, 평양을 찾아온 외국 관광객들을 유치할 목적이라는 사실을 알 수 있다.

평양 서포지구 살림집(2023)

김정은 위원장은 2021년 3월 평양시 5만 세대 살림집 건설을 공포한 바 있다. 매년 1만 세대씩 건설하여 2025년까지 5만 세대를 준공하겠다고 공약했다. 2022년에 송화지구, 2023년 화성지구 1단계를 준공한 바 있고, 2023년 10월 현재, 화성지구 2단계와 서포지구 살림집 공사를 추진 중에 있다. 매년 1만 세대씩 새롭게 준공되는 살림

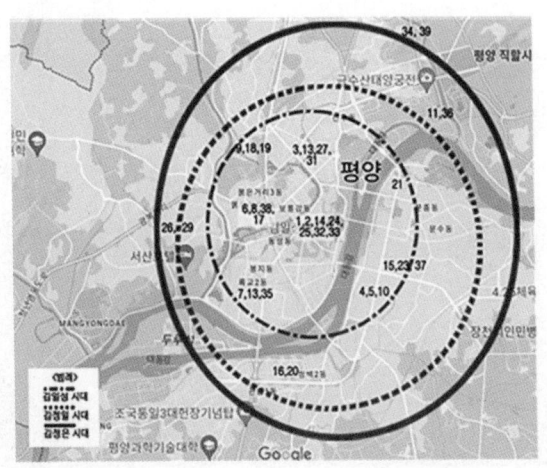

그림 6. 송화, 화성, 서포지구로 인한 평양의 확산

집 단지들은 평양의 외곽에 위치하고 있다. 송화지구는 동평양의 외곽이고, 화성지구는 본평양의 북동지역인 합장강 하구의 좌안이다. 2023년 2월 착공한 서포지구는 본평양의 북쪽 외곽이다. 이들 지역을 도표로 옮겨보면 〈그림 6〉과 같다. 다시 말해 평양의 도시 권역이 확산되고 있다는 사실이다.

만리마와 평양의 도시 확장

천리마 타고 / 외길로 내달리던 사람들, / 폐허로 변한 땅 위에 새 세상을 열던 사람들, / 그들은 어디로 갔을까 // 자력갱생, 간고분투 / 목청껏 구호를 외치던 그들 / 이밥에 고깃국의 약속은 / 어디로 사라졌는가 (중략) 70년이 훌쩍 지났는데도 / 지금도 유

평양몽夢의 하늘

령처럼 / 도돌이표 마냥 변주되는 구호, 구호들 // 그대는 만리마를 탔는가
　　　　　　　　　　　　　- 졸시, '그대는 만리마를 탔는가' 중에서

김씨 3대 정권은 내리내리 속도를 강조해왔다. 북한 정권은 왜 그토록 속도를 강요하는 것일까? 경주마가 목표를 향해 앞만 보고 달려야지 좌우를 돌아본다면 어떻게 되겠는가? 북한의 인민들이 딴 생각을 않고 앞만 보고 달려가도록 하는 유일한 방책이 '속도전'이기 때문이다.

한편, 만리마속도로 건설된 건물들이 과연 언제까지 온전할까,

그림 7. 만리마 포스터

하는 의구심이 들기도 한다. 시공속도를 높일 경우, 가장 먼저 품질이 희생되기 때문이다. 특히 철근콘크리트 구조의 초고층살림집의 경우, 준공 이후 10년, 20년이 경과할수록 '크맆(creep) 현상'이 발생하기 십상이기 때문이다.

2023년 현재, 김정은 정권은 스스로 '제2의 고난의 행군'을 선포한 바 있다. 그만큼 경제 상황이 어렵다는 말이다. 그럼에도 불구하고, 평양은 5만 세대 건설사업으로 인해 군인, 학생, 평양 시민이 모두 참여하는 총동원 상황에 놓여있다. 2023년 11월 현재, 평양의 만리마

는 질주를 계속하고 있는 셈이다. 유엔경제 제재와 코로나19사태 후유증이 여전한데도 만리마의 질주는 불가사의한 일이 아닐 수 없다. 만리마는 과연 언제쯤 질주를 멈추고 쉴 수 있을까?

평양몽夢의 하늘

11

'진달래꽃'의 무대, '영변 약산'을 가다
- 구글어스(Google Earth)로 살펴본 영변

소월과 영변 약산

'영변 약산'은 소월의 시, '진달래꽃'의 무대이다. 영변 약산을 이야기하기 전에 소월의 고향부터 따져보기로 하자. 소월은 외가인 평안북도 구성에 태어났고, 같은 곳에서 생을 마감했다. 자란 곳은 본가가 있는 정주였다. 정주에는 오산학교가 있었는데, 그곳에서 그의 시적 재능을 발견하고 이끌어준 스승 김억, 오산학교의 창업주 이승훈 선생, 정신적 멘토 조만식 선생 등을 만났다.

소월은 또한 영변에서도 오며가며 머물렀다. 소월의 연고지인 구성, 정주, 영변은 반경 30~50km 이내에 있다. 그래서 광의의 뜻에서 영변 역시 고향 동네라 할 수 있다.

그림 1. 영변군의 약산 전경(인터넷 캡쳐)

1부 • 평양몽과 자력갱생

영변, 진달래꽃의 무대

'진달래꽃의 무대' 영변의 약산은 소월의 정신적 고향인 셈이다. 감수성 예민한 스물두 살 청년의 시정을 대변하기 때문이다. 구글어스로 영변을 살펴보기 전에 영변의 뿌리부터 살펴보기로 하자. 즉 조선시대 영변읍성부터 살펴보기로 한다.

◦● 영변읍성, 조선시대의 철옹성鐵甕城

조선시대 영변은 영변도호부의 소재지였다. 또한 영변읍성은 조선시대 내내 '철옹성'이란 별칭을 갖고 있었다. 그런데 철옹성으로 불린 이유가 뭘까? 〈그림 2〉 영변읍성의 고지도를 보면 그 이유를 능히 상상할 수 있다.

그림 2. 영변읍성 광여도(19세기 전반)

첫째, 읍성 주변에 읍성을 감돌아가는 구룡강이 있고, 그것이 천연해자 역할을 했기 때문이다. 〈그림 2〉에서 보듯이, 약산과 동대 위쪽 우측에서 좌측으로 흐르는 강이 구룡강이고, 아래로 흘러 지도 우측 끝의 세로로 흐르는 청천강과 합류한다.

둘째, 고구려 때 처음 쌓은 이래 조선시대까지 서북 방위의 중요 거점으로 네 방향이 깎아지른 낭떠러지로 이루어져 있기 때문이다. 〈그림 2. 광여도〉에서 알 수 있듯이, 약산과 동대가 서북쪽으로 우뚝 솟아있고, 그 밖으로 천연해자 구룡강이 흘러가고 있다. 성 안에 향교와 서원도 들어있다.

셋째, 약산과 동대가 서북성의 꼭대기로 망루 역할을 했기 때문이다. 고지도에도 약산 동대 일대는 분홍빛깔 진달래를 그려놓은 걸 보면 영변 약산 진달래의 명성을 충분히 알 수 있다. 여기서 조선시대 영변을 노래한 한시 1편을 소개한다.

철옹성의 노래 鐵甕行 / 권필 權鞸
– 절도사로 부임하는 장만 張晩을 보내며

그대는 보지 못했는가 / 철옹성이 만 길이고 / 거대한 성벽이 하늘 아래 웅장해라 / 한 사내가 장검으로 요충을 지키면 / 천 사람이 개미떼처럼 몰려와도 못 당하겠네 // 청천강 薩水를 벌려두고 백두산 太白을 등졌으니 / 서쪽에 우뚝한 봉우리, 요새가 되었어라 / 예로부터 이 진을 일러 평화로운 변방 寧邊이라 불렀으니

/ 이 뜻이 어찌 우연이리오 / 조정의 계책은 쉽게 헤아리긴 이르지만 / 이곳을 버리고선 만전책이 못되리라 / 듣건대 해묵은 오랑캐가 자못 드세어 / 칼 벼리고 틈 노린 지 여러 해라오
(원문 : 君不見 鐵甕之城餘萬丈崇墉巨壁天下壯 一夫按劍當要衝 千人蟻附不得上 橫臨薩水負太白 雄峙西方作保障 古來設鎭號寧邊 此意有在寧偶然 廟堂成算未易測 棄此不守非萬全 似聞老虜頗倔强 畜銳伺釁今有年 - 출처; 한국고전종합DB)

조선조 한시에 이런 기개가 또 있었다니 놀랍고 반갑다. 세상을 호령하는 장수의 기개라면 '白頭山石磨刀盡'하는 남이장군의 북정가北征歌나 이순신장군의 '한산섬 달 밝은 밤에 수루에 홀로 앉아…'정도만 떠올렸다. 그게 전부인양 착각하고 있었다.

하지만 제대로 살펴보면, 조선 전기만 해도 씨근벌떡 무인의 기개가 넘쳤다. 세종조의 육진 개척, 대마도 정벌 등이 좋은 예다. 그런데 체제 안정 통치철학인 성리학에 경도 되고, 명나라 안보우산(?)에 지나치게 의존한 나머지, 나날이 무신武臣들은 찬밥 신세가 되었다. 설상가상 갈수록 심해진 과거 열풍으로 인해 조선은 어느새 '문신 위주=문약文弱의 나라'로 전락하고, '무인 존중=국방 과학' 홀대로 변하고 말았던 것이다.

위 시에서도 알 수 있듯이, 김소월의 고향 영변은 조선시대 내내 철옹성으로 통했던 조선 제일의 요새였다. 짐작컨대 위 시를 지은 시기는 임진왜란 직후 1600년대 초일 것이다.

'해묵은 오랑캐들이 칼 벼리고 틈을 노린 지 오래'라는 구절을 보면 안타깝게도 화자의 예상이 적중했다는 것을 알 수 있다. 알다시피 조선은 왜란에 이어 정묘호란, 병자호란의 참화를 거듭 입게 된다. 화자 권필은 편 가르기 붕당정치에 휘말려 1612년에 처형되고 만다.

영변읍성과 영변

조선시대 영변은 철옹성으로 유명했지만, 그 보다 더 유명했던 게 따로 있다. 바로 '약산동대'이다. '약산동대'는 관서팔경關西八景 중 하나로, 시인묵객들이 즐겨 찾는 명소였고, 민요 '영변가'에도 등장한다.

그림 3. 영변읍성 해동지도(18세기 중반)

'노자 에~ 노자 노자 아~~~ 젊어서 노잔다 / 나이 많아 병이 나 들면은 못 노리로다 / 영변寧邊의 약산藥山에

동대東臺로다 아~~~ 부디 평안히 너 잘 있거라 / 나도 명년 양춘은 가절이로다 또다시 보자 (하략)'

이쯤에서 '영변군'에 대한 최근 소개를 인용해본다.

영변은 영변산성(일명 철옹성) 안에 발달한 성곽도시이다. 유명한 약산동대는 영변성의 서쪽에 있다(그림 3 참조). 영변성에는 남문, 육승정六勝亭, 천주사天柱寺, 서운사棲雲寺 등의 고적이 남아 있다. 성 남쪽, 구룡강으로 삼면이 둘러싸인 용추동에는 그 유명한 녕변원자력연구소가 있다. 여러모로 방사능 피폭 사고가 우려되는 지역.

약산동대藥山東臺 : 약산(489m)은 약초가 많다고 하여 붙은 이름이며, 동대는 '관서 8경'의 하나로 산마다 골짜기마다 흐드러지게 피는 진달래( )연달래)로 유명하다. 전형적 산성취락인 영변은 주위가 산으로 둘러싸이고 산에는 성벽을 둘러, 철옹성鐵甕城이라고 하는 요지이다. 성의 서부에 있는 약산은 철옹성의 진산이며 다른 산에 비하여 험준하고 경승지로도 이름이 높다.

녕변 출신 탈북자들에 의하면, 영변은 풀도 자라나지 않는 곳이라고 한다. (영변군은) 1925년에 농민지도자강습회를 개최해

비밀리에 항일운동을 전개하다가 장병학張秉學·채수반蔡洙般 등이 옥고를 치렀고, 그 뒤 영변산업조합에서 천도교인이 생산한 직물을 배척하는 데 항거하다 장병학 등 많은 사람이 옥고를 치렀다.

– 나무위키 영변군

'영변은 풀도 자라지 않는 곳'이란 말은 지형이 돌산, 바위산이 많다는 말이다. 영변 약산에 진달래가 많은 이유도 바위가 많아 키 큰 교목喬木이 자랄 환경이 안 되기 때문이다.

● 스승 김억의 영변

김소월의 스승 김억에게도 '영변'은 아주 특별한 곳이다. 그 증거로써 아래 시를 소개한다.

약산동대 가고지고 / 약산동대 어디메냐 / 바라보니 허공에는 흰 구름만 덮였고야 // 여즈러진 바위틈에 / 진달래는 홀로 피어 / 봄바람이 못내 그려 / 하늘하늘 반겨 돌리 // 아하, 눈에 선한 내 동대의 / 지금쯤은 어떠런가 // 약산동대 보고지고 / 약산동대 어디메냐 / 쳐다보니 산만 첩첩 하늘 끝은 비었고야 // 노랑저녁 저문 날에 / 학귀암엔 학은 없이 / 들비둘기 떼를 지어 / 구개구개 떠돌으리 / 아하, 꿈에 선한 내 동대의 / 지금쯤은 어떠런가 // 약산동대 가고지고 / 약산동대 어디메냐 / 하늘 끝은 구름이요 구름 끝은 아득코야 // 십리구룡十里九龍 여울물에 / 나룻배는 잠이 깊고 / 돋는 달에 물만 혼자 / 옛 곡조를 노래하리 / 아하, 귀에 선한 내 동대의 / 지금쯤은 어떠런가

— 김억 詩, '약산동대'

위 시에는 '십리구룡 여울물에 나룻배는 잠이 깊고'라는 말이 등장한다. 이는 영변읍성을 감싸고 도는 구룡강이 나룻배가 다닐 정도로 제법 깊었다는 말이기도 하다. 물론 사철 상시 나룻배가 다니지는 못했을 것이다. 즉 갈수기인 가을에서 겨울 지나 이듬해 봄까지는 나룻배가 다니지 않았을 것이다. 달리 말하면, 구룡강 하구에 물막이 댐洑을 막을 경우, 수력발전용 또는 관개용수로도 사용할 수 있다는 말이다. 구글어스에 의하면, 2023년 11월 현재, 구룡강 하구에는 댐이 설치되어 있고 그 댐 바로 위쪽에 영변원자력연구단지가 자리하고 있다.

2023 위성지도 속의 영변

〈그림 4〉는 영변읍의 위성지도(구글어스 2023. 10)이다. 주요 지형지물로서 영변원자력연구소, 원자력발전소, 서운사, 천주사, 약산이 표기되어 있다. 여기서 약산은 특정 지점이 아니라 구룡강으로 둘러싸인 지역으로 서운사, 천주사를 품에 안고 있는 산을 일컫는다. 위성사진에 의하면, 북한의 여느 산과 달리, 소나무가 울창한 것을 알 수 있다. 당초에는 봄이면 진달래만 만발한 산이었으나, 1967년

평양몽夢의 하늘

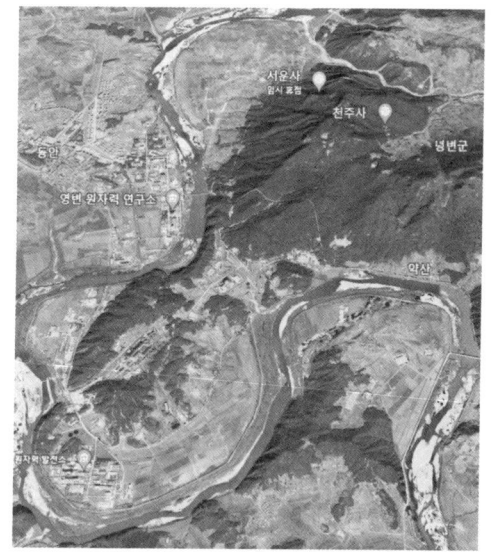

그림 4. 영변군 위성지도(Google Earth 2023. 11)

그림 5. 약산 동대 벼랑에 새겨진 '김일성장군의 노래'

1부 ● 평양몽과 자력갱생

영변원자력연구소가 개소된 이래로 보안유지를 위해 약산은 접근금지구역으로 지정되었기 때문이다.

지도에서 약산의 동대東臺는 표기가 없다. 과연 약산의 동대는 어디에 있을까?

> ▶ 천주사天柱寺
> 영변읍 약산 동대의 동남쪽에 있는 조선 후기에 창건된 사찰
> ▶ 서운사棲雲寺
> 영변읍 약산 제일봉에 있는 고려 후기에 창건된 사찰
> – 한국민족문학대백과사전

이 기록을 통해 '약산동대'는 천주사의 서북쪽에 있고, 약산 제일봉 바로 옆에 있다는 걸 알 수 있다.

한편 인터넷에서 '약산 동대'를 검색해보면, 황당한 사진이 등장한다. 바로 〈그림 5〉인데, 동대의 '학벼루'라는 벼랑에 붉은 글씨가 세로로 새겨져 있는 걸 확인할 수 있다. 자세히 보면 '김일성 장군의 노래' 가사이다. 약산 동대는 관서팔경 중 하나이자 김소월의 '진달래꽃'의 명성이 있는 곳인데, 어느새 김일성 우상화 수단으로 전락하고 말았다는 사실이 안타깝다. 금강산의 반반한 벼랑만 그런 줄 알았는데 이곳 약산 동대까지도 김일성 찬양으로 도배되어 있다니.

다음으로 위성지도를 보면, 약산의 좌측 구룡강 좌안에는 '원자력연구소'가 있다. 원자력연구소는 소규모 원자력발전소이기에 핵분

열 시 냉각수가 반드시 필요하다. 갈수기에도 수량을 확보하기 위해 구룡강에 댐을 만든 것을 확인할 수 있다〈그림 6 참조〉.

◈ 영변 원자력연구소

'북한 영변 핵시설 주변의 구룡강이 홍수로 범람했다고 미국의 북한 전문 매체 〈38노스〉가 12일(현지시각) 보도했다.

〈38노스〉 지난달 22일 촬영된 위성사진과 지난 8일 찍힌 위성 사

그림 6. 영변원자력연구소(Google earth 2023.11)

진을 비교해보면, 영변 핵시설 주변 구룡강 수위가 높아져서 강을 가로지르는 댐이 물에 잠긴 모습도 보인다고 전했다. 매체는 "지난 6일 촬영된 상업용 위성 사진을 보면 구룡강 수위가 지난달 22일 사진과 비교해 급격히 높아졌다. 상당한 홍수가 있었던 것으로 나타났다"며 "아마도 지난 몇 년간 최악의 수준일 것"이라고 분석했다. 북한 당국이 홍수에 대비해 구룡강 제방을 지속해서 보수하고 있지만, 올해 홍수를 막지는 못한 것으로 보인다고도 짚었다.(중략)

이쯤에서 2020년 8월 영변 지역 홍수에 대한 보도를 인용한다.

"이번 홍수로 (영변) 원자로 냉각 시스템이 극단적인 기상 상황에 얼마나 취약한지 보여줬다"고도 분석했다. 이 사진만으로 영변 핵시설이 손상됐는지는 확인할 수 없다. 〈38노스〉는 위성사진으로 완전히 확인할 수는 없지만, 불어난 강물이 우라늄농축공장(UEP) 같은 중요시설들에까지는 미치지 않은 것으로 보인다고 전했다.

— 2020. 8. 13 한겨레 신문

영변, 다시 진달래꽃의 무대로

북한에서 소월에 대한 평가는 자못 부정적이다.

'조선문학사'(2000)에서 "소월은 (중략) 1920년대 시단에서 민요풍의 시를 개척하고 발전시켰다. 그러나 노동계급의 계급적

이념과 인민적 입장에서 출발하지 못해 1920년대의 시대적 높이에 이르지 못했다"고 지적했다.

— 권영민 교수

땅에도 운명이 있을까? 조선시대 영변은 철옹성인 동시에 관서팔경 중 하나로 통했다. 1920년대 소월의 '진달래꽃' 이후 영변은 1960년대 중반까지 '진달래꽃'의 무대로 통했다. 하지만 1967년 영변원자력연구소가 들어선 이후, 공포의 핵기지로 전환되었다.

마치 영변 땅의 운명은 양극단에서 그네를 뛰는 것 같다. 전시에는 철옹성, 평화 시에는 관서팔경의 하나인 '약산동대'로 말이다. 지금은 '진달래꽃'을 누르고 '핵기지'의 명성이 더 높기에 안타깝기 그지없다. 남북통일 이전에 남북 사이 정서적 공감이 먼저다. 영변이 '진달래꽃'의 무대로 다시 돌아올 날은 언제인가. 약산 기슭에 '소월문학관'이 서는 그날, 진달래꽃 아름 따다 소월문학관 앞마당에서 화전花煎 놀이하는 그날을 그리며 이 글을 마친다.

2부 천리마에서 만리마까지

12. 대동강의 교량을 보면 평양의 미래가 보인다

대동강변의 눈부신 변화

"대동강반은 1950년대 중엽부터 변모되기 시작하였다. 강의 양안을 따라 제방과 옹벽들이 건설되고 유보도가 뻗어갔으며 그 너머로 승리거리, 청년거리들이 연이어 솟아났다. 아울러 1960년대에는 평양대극장과 옥류관, 옥류교가 건설됐으며 1980년대에는 주체사상탑과 인민대학습당이 수도 중심부에 세워졌다.

(중략) 1980년대 대동강 위로는 충성의 다리와 릉라다리, 양각다리들이 설치됐고 상류쪽에 미림갑문, 봉화갑문 등이 건설되는 등 큰물(홍수) 방지 사업이 이뤄졌다. 또 능라도에는 15만석을 보유한 5월1일경기장이, 양각도에는 평양국제영화회관과 양각도 축구경기장이 생기는 등 많은 변화가 있었다."

- 출처 : 북한 대외용 월간지「조선」(2021. 6월호), 파이낸셜뉴스 2021. 6. 4. 재인용

위 기사에 의하면, 1950년 한국전쟁 이후, 대동강 강변이 어떻

게 변모했는지를 잘 설명하고 있다. 그 변화를 간추려 보면 다음과 같다.

첫째, 강변에 '유보도'라는 산책로를 개설했다. 물론 산책로에는 평양을 상징하는 수양버들이 길을 따라 식재되었다. 둘째, 유보도 뒤로 승리거리, 청년거리들이 솟아났다. 여기서 '거리'는 도로명뿐이 아니라 도로의 구간을 포함한 주택단지를 의미한다. 셋째, 공공시설인 평양대극장과 옥류관, 옥류교가 건설되었다고 한다. 옥류교는 대동강을 횡단하는 다리[2]의 이름이다. 넷째, 80년대에는 충성의 다리, 능

그림 1. 대동강 전경–대동교와 주체탑, 좌측 뒤로 희미하게 보이는 능라도5.1경기장 (위키백과)

---

2 북한에서는 '교량'이란 용어보다 '다리'를 사용한다. 이 글에서는 편의상 교량과 다리를 혼용한다.

라다리, 약각다리, 미림갑문, 봉화갑문 등이 설치되었다. 갑문들은 일종의 다목적댐으로 홍수방지용 저수지, 수력발전용 댐, 그리고 댐 상부는 교량 역할도 겸한다.

80년대에 건설된 이들 교량의 건설 배경은 뭘까? 본평양(중구역 및 평천구역)이 과밀상태(?)라 이제부터 대동강 건너 동평양 지역을 개발하기 위한 준비라고 볼 수 있다. 비유컨대, 대동강 동안인 동평양은 서울로 치면 강남이고, 동평양 개발은 북한판 강남 개발이라고 할 수 있다.

대동강 교량 주요연표

1905.	대동강철교(경의선) 개통
1923.	대동교 준공
1945.	해방
1951~53.	한국전쟁
1954.	김일성광장 준공
1960.	옥류교 준공
1980.	미림갑문
1982.	주체탑 준공
1983.	충성의 다리 · 봉화갑눈
1986.	양각교, 서해갑문
1988.	릉라교(능라도)
1989.	청류교(능라도), 능라5.1경기장 세계청년학생축전 개최
1994.	김일성 사망
2011.	김정일 사망
2019.	유람선 옥류1~3호

다섯째, 능라5.1경기장, 양각도 평양국제영화회관, 양각도 축구경기장 등을 건설했다. 이는 1989년 세계청년학생축전 개최를 계기로 평양이 국제사회를 향한 개방의 적극적인 신호탄이었다. 하지만 90년대 초반, 뜻하지 않는 '고난의 행군'으로 인해 그 꿈은 일시에 물거품이 되고 말았다. 물론 그 배후에는 북한의 최대 후견인 러시아연방의 해체로 인해 러시아의 무상지원 중단이 있었다.

위 내용 중에서 대동강 위에 건설된 다리들에 주목해 보자. 1960년에 옥류교가 준공된 이후, 20년이 경과한 80년대에 와서 충성의다리, 양각교, 능라교, 청류교를 건설했다. 그때 이후 30~40년이 경과하고 있는 2022년 현재까지 신설 교량이 없다는 사실이다.

이 글에서는 대동강의 교량들을 집중적으로 살펴보기로 한다. 순서는 먼저 평양의 지리지형적 입지조건을 소개하고, 다음으로 조선시대 평양성의 다리들을 살펴본다. 마지막으로 2022년 현재, 대동강의 교량들을 살펴보기로 한다.

천연해자 대동강과 보통강

평양은 본래 평양성平壤城에서 출발한 성곽도시였다. 평양성의 입지는 대동강과 보통강이 평양성을 주머니처럼 감싸고 있는 형태이다.(그림 2 참조). 즉 대동강과 보통강이 천연 해자 역할을 했던 것이다. 성곽도시 평양은 일제강점기 경의선 철도 개설과 함께 큰 변화를 겪는다.

성곽도시일 때는 성곽 안 지역, 즉 내성과 중성이 중심이었다면,

1905년 경의선 개설과 함께 평양역이 도시의 중심이 되었다. 대동강 위에 대동강철교가 가설되었고, 평양역을 중심으로 소위 역세권이 개발된다. 이후 평양역과의 연계 교통을 원활하게 하기 위해 1923년 대동강 위에 최초의 인도교인 대동교도 개통한다.

대동강은 평양의 젖줄이기도 하지만 평양 사람들의 뱃길 이동로이자 여흥의 무대이기도 하다. 여흥의 무대는 곧 '선유船遊'로써 대동강 뱃놀이를 말한다. 이 대동강 뱃길을 이용하여 평안감사가 평안도 감영에 부임을 했고, 중국을 오가던 연행 사절도, 한양을 오가던 중국 사신들도 예외 없이 뱃길을 이용했다. 그렇다고 조선시대에 대동강에 교량이 전혀 없었던 것은 아니었다. 나루터와 뱃길에 지장이 되지 않는 곳에 다양한 다리들이 있었다. 물론 수심이 얕은 곳, 물살이 느린 곳, 즉 대동강 본류가 아닌 지류 쪽에 다리들이 있었다.

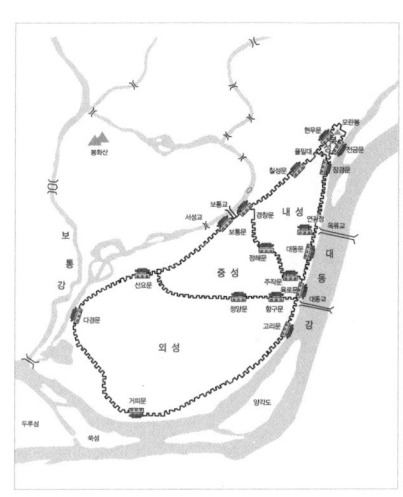

그림 2. 평양성 지도

대동강의 다리들

대동강 위에는 어떤 다리들이 놓여 있었을까? 우선 조선시대 평양의 고지도를 통해 대동강에 놓여 있던 다리들부터 살펴보기로 한다.

〈그림 3〉에 표기된 바와 같이 좌측 하단 대동강 지류인 무진천에 놓인 영제교와 지도 중앙 상단에 보통문 밖 보통강에 놓인 보통교(V 표시)가 보인다. 이 두 교량은 한양과 의주로 통하는 의주대로 상의 중요한 거점이었기에 표기해 놓았던 것이고, 다른 교량들은 생략되었다고 할 수 있다. 그 증거로 다음에 『신증동국여지승람』(1530)을 인용한다.

• 1730 평양관부도(平壤官府圖)

❶ 재송원 ❷ 영제교 ❸ 십리장림 ❹ 대동강 ❺ 대동문 ❻ 대동관 ❼ 연광정 ❼ 기자묘 ❽ 선연동 ❾ 능라도 ❿ 양각도 ⓫ 기자정(기자정권) ⓬ 숭인전
❽ 을밀대 ❾ 모란봉(금수산) ❿ 부벽루 ⓫ 영명사 ⓬ 청류벽 ⓭ 칠성문   ⓮ 무열사 ⓯ 보통문 ⓰ 보통강

그림 3. 평양관부도(평양속지 1730) - 영제교와 보통교

조선시대(1530) 평양의 교량

교량橋梁 ; (평양성) 내성內城·중성中城 등 18곳에 다리가 있다. 보통교普通橋 보통문普通門 밖에 있다. 영제교永濟橋는 돌로 쌓았는데 남쪽으로 15리 앵포천鶯浦川에 있으며, 중화中和로 통한다. 주교舟橋 서쪽으로 20리이다. 대제교大濟橋 위와 같다.

관선교觀仙橋 남쪽으로 30리에 있다. 광제교広濟橋 일명 적교狄橋라고도 한다. 서쪽으로 30리 대로大路에 있으며, 강서江西로 통한다. 동천교銅川橋 서쪽으로 55리 대로에 있으며, 강서로 통한다. 개동교介同橋 서쪽으로 30리에 있다. 둔전평교屯田坪橋 돌로 쌓았는데, 서쪽으로 50리 대로에 있으며, 증산甑山으로 통한다.

그림 4. 주교舟橋 – 정조의 화성행차 때

강동교江東橋 북쪽으로 20리에 있다. 청수교青水橋 위와 같다. 슬화천교瑟和川橋 북쪽으로 15리에 있다. 왜현교倭峴橋 동쪽으로 15리에 있다. 천강교天降橋 외성外城의 북쪽에 있다.

— 신증동국여지승람 1530 평안부

위에 언급한 교량들은 대동강의 지류와 보통강 상에 놓인 교량들로 눈길을 끄는 두 곳이 있다.

첫째는 주교舟橋, 즉 배다리가 서쪽 20리에 있다고 한 걸 보면, 아마도 양각도의 양쪽으로 가설되었던 것으로 보인다. 〈그림 4〉는 정조의 화성 행차 때 광나루廣津에 설치했던 배다리이다. 이 배다리는 화성행차 동안만 운용하는 임시 시설로써 민간 선박들을 징발했던 것이다.

둘째는 영제교永済橋, 둔전평교는 돌다리石橋였다는 사실이다. 영제교는 대동강 지류인 무진천 끝에 놓였던 다리로써 중국으로 가는 연행사절들이 남긴 기록에도 어김없이 나온다. 고지도 상에서는 교량 형식이 홍예교인지 일반적인 거더교인지 알 수 없지만 추측컨대, 홍예교 형식이었을 것 같다〈그림 3 참조〉. 나머지 교량들은 추측컨대 목교木橋, 즉 '섶다리'였던 것으로 보인다.

또한 평양성 고지도에 의하면, 본류인 대동강에는 교량이 전혀 없었다. 단지 배다리舟橋가 있었다. 대동강 양안을 오고갈 때는 나룻배 또는 평양부 소속의 관선官船을 이용했다. 이제부터 20세기 이후, 교량들에 대해 살펴보기로 한다.

대동강의 20세기 다리들

2022년 5월 현재, 대동강을 가로지르는 다리로는 총 9개가 있다. 봉화(갑문/신/구), 미림(갑문), 청류교, 릉라교, 옥류교, 대동교, 양각교, 충성의다리 등이다. 갑문 위 다리를 제외한다면 〈그림 5〉와 같이 모두 6개에 지나지 않는다.

앞쪽에서 언급했듯이, 대동강에는 1960년에 옥류교를 개통한 뒤, 무려 20년 동안 신설 교량이 없었다. 왜 교량을 추가로 건설하지 않았을까?

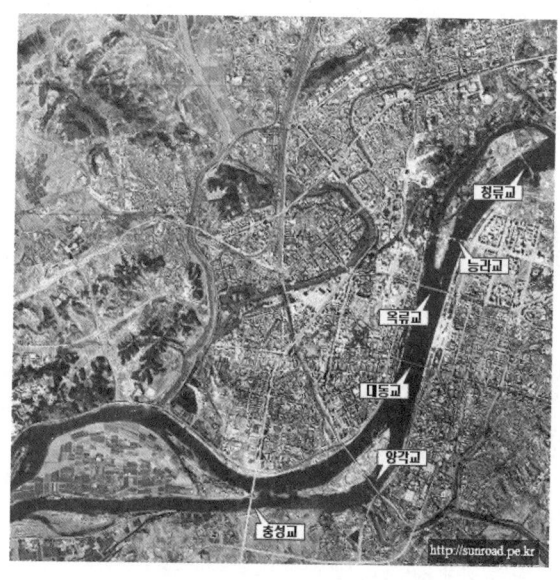

그림 5. 대동강 주요 교량 6개(구글위성지도)

첫째 이유는, 추가적인 교량 건설은 뱃길에 지장을 주기 때문이다.

평양은 2012년 김정은 정권 출범 이후, 10년 동안 동평양 지역을 대대적으로 개발한 바 있다. 이로 인해 동평양에서 본평양으로 출퇴근하는 인구도 갈수록 늘어났다. 기존 교량들만으로 출퇴근 교통량을 해소할 수 없기에 대동강에는 출퇴근 시간에만 운행하는 선박들이 따로 있다. 이들 선박들은 출퇴근에 동원된 뒤에는 유람선으로 전환된다. 물론 유람선의 고객들은 평양 관광에 나선 외국인과 지방 사람들이라고 한다.

둘째 이유는, 동평양 지역도 직주근접職住近接[3] 원칙을 적용했다.

동평양 지역에도 도시기반 시설들, 즉 병원, 시장, 공장, 발전소 등을 완비함으로써 최대한 이동 수요를 억제하는 것이다. 1950년대 김일성 당시 작성한 평양시 마스트플랜에도 소구역제(MICRO DISTRICT)를 주택단지 계획의 원칙으로 적용한 바 있다.

셋째 이유는, 교량 숫자가 적을수록 평양시민들을 효과적으로 통제할 수 있다.

---

3 직주근접 원칙은 직장인 근무지와 주거지가 가까이 있는 상태를 말한다. 자가용이나 대중교통을 이용하지 않고 걸어서 출퇴근을 할 경우, 교통량을 억제하여 쾌적한 도시환경을 만드는 것이다. 대표적인 도시로는 싱가포르, 평양 등을 꼽는다.

만약 동평양에서 대규모 주민 시위가 발생했다고 가정해 보라. 대동강에 교량이 많다면 시위 인파를 통제하거나 진압하기도 어려워지기 때문이다. 또한 주민들은 자가용이 없고 대다수가 자전거로 이동하거나 무궤도전차, 버스 등을 이용한다. 따라서 대다수 주민들은 다리를 건너 먼 곳까지 이동하지 않는 데 익숙해지기 마련이다.

대동강에 현대식 교량이 등장한 시기는 20세기 이후이다. 철도 운행을 위해 철도교가 등장했고, 이후 전차와 자동차 운행을 위해 신작로가 등장하면서부터이다. 지금부터 대동강에 놓인 교량을 준공 순으로 소개하기로 한다.

● 대동강철교

대동강철교는 1905년 경의선철도를 위해 건설되었다. 평양역 주변

그림 6. 한국전쟁 당시 파괴된 철교

이 소위 역세권으로 개발되면서 현대식 다리들도 속속 건설되었다.

대동강철교는 최초 준공 당시에는 교각과 상판이 모두 목구조木橋였으나 1909년 철교로 전환되었다. 1930년대 말에는 경부선과 경의선이 복선공사를 하면서 대동강철교도 1942년에 복선으로 완공되었다. 이 철교는 한국전쟁 당시 중국인민군이 개입하자 그들의 남하를 지연시키고자 UN군 측이 파괴했던 다리이다. 파괴 직후 피난민들이 끊어진 다리를 건너는 피난민 행렬을 〈그림 6〉이 보여주고 있다. 파괴되었던 이 철교는 전후에 원상태로 복구된 바 있다.

대동교大同橋, 최초의 인도교

대동교는 평양시 중구역 외성동과 동평양의 동대원구역 신리동, 선교구역 선교일동을 연결한다. 대동강철교를 제외하고, 대동강 위에 건설된 최초의 현대식 교량이다. 1923년 11월 29일, 개통 이후 사람과 차량이 동시에 통행했고, 1945년 해방되기 전까지 유일한 인도교였다. 유일한 인도교였지만 평양 시민들은 불편한 줄 몰랐다고 한다. 그만큼 나룻배에 익숙해 있었기 때문이다. 이 교량은 서쪽으로 영광거리를 지나 평양역에, 해방산거리를 통해 창광거리에 이른다. 동평양 쪽으로는 새살림거리를 통해 평양-개성간 1급도로와 연결된다.

옥류교

옥류교는 1960년에 건설되었다. 주변 명승지로는 청류벽, 옥류관,

대동문, 연광정이 있다. 평양시 중구역(종로동)과 대동강구역 옥류일동에서 강 건너, 동대원구역을 연결한다. 이 다리는 동대원거리를 거쳐 대학거리, 탑제거리와 직결되어 평양미술대학, 평양연극영화대학, 평양미술대학, 평양기계대학, 인민경제대학, 평양건설건재대학 등으로 이어진다. 서쪽으로는 만수대거리, 창전거리, 보통문을 거쳐 류경호텔까지, 승리거리를 통해 김일성광장으로도 연결된다.

● 충성의다리

충성의다리는 1983년에 개통되었다. 총연장이 1,750m, 너비가 17m(4차로)이다. 평양시 평천구역에서 락랑구역 락랑1동을 연결한다. 이 교량은 평양시내 대동강상 최서단에 있는 교량으로, 1983년 통일거리와 동시에 개통되었으며, 본평양과 남평양 중심지를 연결하는 중요 도로이다. 교량 위로는 토성-서평양간 궤도전차가 운행되고 있다. 대동강에 있는 최대 하중도인 두루섬으로 진입할 수 있다. 접속도로로는 평양-개성고속도로, 천리마거리, 통일거리이다.

● 청류다리

청류다리는 1989년 준공되었다. 시기는 평양에서 열린 1989년 세계청년학생축전 직전이었다. 이 다리는 대동강의 최상류에 있다. 대동강구역 릉라도와 강 건너 모란봉구역을 연결한다. 릉라도를 중심으로 동평양 방면 1단계 구간과 청류벽 방면 2단계 구간으로 나뉜다. 1단계 구간은 사장교로, 2단계 구간은 아치교로 건설되었다.

이 교량은 남평양의 통일거리와 동평양의 청년거리, 문수거리에서 이어진다. 금릉1호동굴을 거쳐 련못동에서 구 평양-순안고속도로와 직결되어 평양시 종단도로망의 한 축을 이룬다. 이 교량을 통해 동평양의 문수유희장, 교량 중간에 릉라인민유원지, 5월1일경기장 등과 연결된다. 접속도로로는 문수거리, 주체탑거리(입체교차)이다.

그림 7. 청류교 전경

대동강의 후속 다리

2022년 4월 현재, 평양은 코로나 사태에도 아랑곳없이 건설 붐으로 뜨겁다. 2021년 3월 이후, 매년 1만 세대씩 살림집 건설을 지속하기 때문이다. 지난 4월 준공된 송신·송화지구는 동평양 지역이다. 동평양 지역에도 직주근접 원칙을 엄격하게 적용하더라도 기존 교량들로는 급증하는 교통량을 해소하기에는 무리가 있다. 또한 출퇴근용으로 유람선을 증편하더라도 임시방편에 지나지 않는다. 본평양과 동평양 간의 교통량을 해소하기 위한 가장 확실한 대안은 지하철 노선을 동평양으로 연장하는 방안이다.

1987년 당시 동평양 지하철 연장을 위해 대동강 하저터널 공사를 하다가 엄청난 붕괴 참사를 겪은 바 있다.(북한 당국은 여전히 이를 비밀에 붙이고 있다.) 현재로선 북한 당국이 그 트라우마를 극복하고 언제쯤 지하철 연장공사(하저터널공사)를 개시할 것인가가 관건이다.

13 단천 열차 전복사고와 심각한 전력난

그림 1. 단천 열차전복 사고 위치(Newsis)

'지난달 말, 평양에서 출발해 함경남도 검덕(금골)으로 향하던 여객열차가 전기부족으로 고개를 넘지 못해 전복되면서 수백 명의 사망자가 발생한 것으로 뒤늦게 알려졌습니다. 북한 당국은 '시체처리 전담반'까지 조직했지만 여전히 사고수습이 계속 되

고 있다는 게 소식통들의 전언입니다.(하략)'

– 미국의 소리(RFA), 2024. 1. 16

  RFA 보도 전문에 의하면, 사고 경위 및 지점 등이 상당히 구체적이라 놀랍다. 사고의 진위 여부를 놓고 말들이 많지만, 북한 당국은 사고 발생 1달이 지나도록 침묵으로 일관하는 게 선뜻 이해가 안된다.
  (* 2004년 4월 22일 발생한 용천역(평안북도) 폭발사고의 경우, 북한 당국은 신속히 보도하고 국제 사회의 구호를 요청했다. 당시 우리나라도 230억 규모의 구호물품과 복구용 건축자재를 지원한 바 있다.)

  이 글에서는 열차 전복 사고의 배경과 그 여파에 대해 살펴보고자 한다.

  북한에는 대표적인 광산 도시로 '단천'이 있으며, 이곳은 조선시대 최대 은광이 있던 곳이다. 단천의 주요 광산으로는 대흥광산, 검덕광산 등이 있다. 사고 열차의 행선지가 '금골'인데, 이곳이 바로 북한 최고의 아연광산이 있는 검덕광산이다. 이곳에서 캐낸 아연광은 철도를 통해 함흥제련소로 보내 정련 과정을 거친다.
  한편, 북한철도는 평양–금골행 철도를 포함하여, 90% 이상 전기로 운행ㅈ한다. 또한 평의선(평양–신의주)을 제외한 전체 노선이 단선이다. 평균 속도는 시속 40km라고 하지만 단선을 감안한다면 시속 20km 내외인 셈이다. 사고 지점은 해발 800m에 이르는 고개인데, 북한은 아직까지 이 고개 아래로 철도터널을 건설 하지 못했다는 사실을 알 수 있다.

 북한은 전체 전력 생산의 80% 이상을 수력 발전에 의존하는데, 특히 겨울철이면 전력난이 심각하다. 이유인즉, 수력발전소의 댐에 가둔 물이 꽁꽁 얼어버려 발전기를 가동할 수 없기 때문이다. 수력발전의 대안으로 화력발전을 가동해야 하는데, 화력 발전소 역시 석탄 공급이 제때 안되고, 노후 발전소에 부품 조달이 제때 안되어 가동조차 못하는 곳이 부지기수라고 한다. 올겨울(2024), 평양은 전력 사정이 나빠 여명거리 50~70층 초고층 아파트들이 제각기 냉장고로 변했다고 한다. 설상가상 평양의 주택 단지는 중앙 집중 난방 시스템이라 전력이 부족할 경우, 평양 시 전체가 거대한 냉동창고로 변할 수 있다. 평양이 이럴진대, 단천시를 비롯한 인근 김책시, 함흥, 원산 지역도 전력난이 심각할 것이다.

 북한 당국은 1956년부터 천리마운동(속도)을 시작한 이래, 지금은 만리마속도를 외치고 있다. 내세우는 속도는 10배로 높아졌는데도 정작 열차의 속도는 뒷걸음을 치고 있는 형국이다.
 이번 열차 사고의 근본 원인은 극심한 전력난으로 귀결된다.
 김정은 정권은 2012년 출범 이후, 지속적으로 지역마다 소수력발전소를 건설해 왔다. 그럼에도 불구하고, 전력 상황이 개선되지 않는 이유가 뭘까? 위에 언급했듯이 겨울철이면 수력발전소를 돌릴 수 없기 때문이다.

'쌀, 불, 물'은 김일성 주석 때부터 북한 주민들의 생존권이라고 했다. 쌀은 식량, 불은 에너지, 물은 관개용수 및 식수인데, 지난 70년 동안 어느 것 하나도 시원하게 해결해 놓은 게 없다. 쌀 생산은 비료 부족, 불은 발전소 운영 부실, 물은 상수도 시스템의 부족이 관건이다. 그 근본 원인을 따지고 보면, 결국 전력난으로 귀결된다는 점이다.

북한의 전체 발전량은 남한의 그것에 비해 3% 밖에 안된다 게 믿기지 않지만 엄연한 사실이다. 북한당국이 자력갱생을 외친지 어언 70년인데도 목표 달성은 요원하기만 하다.

김정은 위원장은 급기야 2024년 신년사에서 상상 초월의 험담을 쏟아놓았다.

'대한민국 족속들을 우리의 주적으로 단정하시면서 (대한민국을) 가장 적대 적인 국가로 규제해야 할 역사적 시기가 도래 하였다'고 했다.

— 미KBS 뉴스 인용 보노 2024. 1. 10

'미워도 다시 한번'이란 말이 있다. 우리 정부 당국은 이런 때일수록 북과의 물밑 접촉을 다각도로 시도해야 할 것이다. 김정은 정권 아래 2500만 동포들의 신음 소리가 높아가고 있기 때문이다.

태양광 열풍의 그림자

2023년 현재, '먼저 온 통일'로 불리는 탈북자들이 35,000명을 넘었다. 이들이 하나원을 나와 배정받은 아파트에 입주한 뒤, 공통적으로 문화충격을 받았다는 점이 두 가지 있다. 첫째는 수도꼭지에서 찬물과 뜨거운 물이 콸콸 나온다는 점. 다음으로 자정이 넘은 시간에도 신기하게도 전깃불이 켜진다는 점이다. 이 두가지는 '세상에 부럼 없는 나라의 수도 평양'에서 아직도 실현되지 못한 일이다.

2023년 평양의 전기 사정은 어떨까? '남북의 창'(KBS)에 의하면, 신축 공공건물의 지붕마다 태양광전지 패널(태양광 패널)을 설치하는 중이다. 건물은 물론 대동강 유람선에도 태양광을 설치했다고 홍보할 뿐 아니라, 초고층 살림집 베란다에도 경쟁적으로 설치 중이라고 한다. 이처럼 북한에서 태양광 패널 붐은 어제 오늘 일이 아니어서, 정책적으로 2015년 경부터 태양광 패널을 설치하기 시작했다.

KDI 북한경제리뷰(2023. 4.)에 의하면,
'2020년 전체 가구 수 대비 태양광 패널 보급률은 46%로, 관북·관서 지방의 보급률이 평양 지역보다 훨씬 높은 것으로 조사됐다'고 한다.

그런데, 태양광 패널을 공공건물의 지붕에 설치하는 것은 이해가 되지만, 고층 살림집(아파트) 베란다, 즉 세대별로도 설치한다는 점은 선뜻 이해가 가지 않는다. 가정용 전기를 두고 왜 세대별로 태양광 패널을 설치하며, 이들은 어떤 용도일까? 세대별 태양광 패널의 설치 용도는 TV 시청 및 휴대폰 충전용이라고 한다.

비공식 통계이긴 하지만 2021년 기준, 태양광 발전 총량은 전체 전력 수요의 0.6%를 차지할 정도로 미미한 수준이다. 그럼에도 불구하고 북한 당국은 태양광 패널 설치를 여전히 강조하고 있는데, 이것은 북한의 전력인프라 상황이 진전이 아니라 후퇴하고 있다는 방증으로 볼 수 있다.

그렇다면 북한에서 태양광 패널 설치를 강조하게 된 배경은 무엇일까?
첫째, 수력발전 시스템에 심대한 문제가 있다는 의심을 해볼 수 있다. 수력발전은 북한 전체 전력 수요의 50%를 부담하는데, 이것이 정상적인 운영이 되지 않기 때문으로 보인다.
둘째, 지역별 소수력 전원 개발 정책으로 전환한 이후에도 전력 사정에 별다른 성과가 없어 보인다. 북한은 2010년대 이래 지역별 소수력 전원 개발에 집중했으나 그 효과가 미미했다고 한다.

셋째, 코로나 사태, 유엔 경제 제재에 의한 국경 봉쇄의 장기화로 인해 발전소의 유지관리, 즉 부품 공급이 되지 않고 있다는 점도 배경으로 볼 수 있다.

결론적으로 북한의 태양광 열풍은 북한 전력 인프라 체계가 붕괴되고 있는 사실을 말해 주고 있다. 응당 국가가 책임져야 할 가정용 전기조차 자력갱생을 강요하는 셈인 것이다.

사실 북한의 총 전력 생산량은 남한의 30%가 아니라, 3%에 지나지 않는 미미한 수준인데, 최근 들어 북한은 전력 소모가 많은 야간 행사에 주력하고 있으니 전력 사정이 어려워지는 것은 불을 보듯 뻔한 일이다. 즉 북한의 태양광 정책은 전력 인프라 운영에 있어 갈수록 그림자만 짙게 드리우는 격인 것이다.

만약 1990년대 중반, 북한 경수로사업이 성공했다면 이런 사태는 결코 없었을 것이다. 이미 그로부터 30여년이 훌쩍 지난 지금, 북한 당국의 전력 정책은 산업화 전략은 고사하고 현상유지 조차 어려운 한계를 드러내고 있다. 태양광 열풍이 전력 인프라의 빛이 아니라 짙은 그림자로 보이는 이유다.

평양몽夢의 하늘

15 북한 서해안 간척사업, 어디까지 왔나
- 압록강 하구에서 황해남도 용매도까지

북한의 간척사업

북한에서는 김일성 시대부터 지금까지 간척사업을 지속적으로 벌여오고 있다. 하지만 별로 주목받은 적은 없다. 6.25 전쟁 이후 김일성은 압록강 하구 비단섬 개간에 착수했고, 이어서 평안남도 대계도,

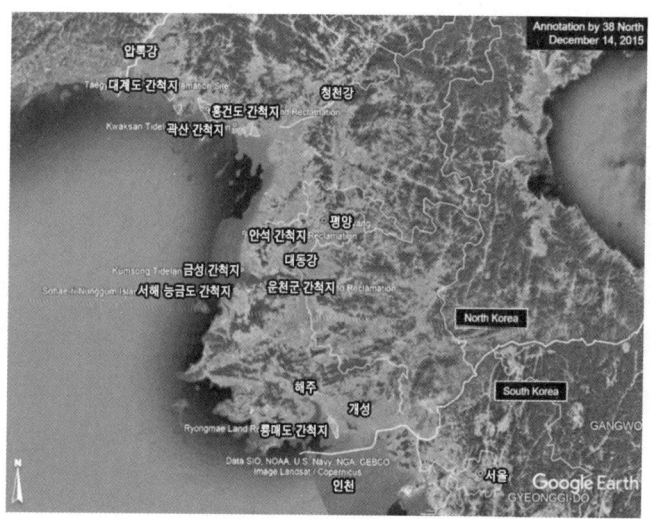

그림 1. 북한 서해안의 주요 간척지 위치(구글위성지도 / 38NORTH)

2부 ● 천리마에서 만리마까지

청천강 하구, 대동강 하구에 이어 2022년 현재까지 동시다발적으로 간척사업을 벌이고 있다. 하지만 연안 바다를 메워 새로운 경작지를 조성하는 일은 결코 쉬운 일이 아니다. 수십 년 동안 조성한 방조제가 태풍으로 인한 쓰나미(해일)로 일시에 무너지기도 하기 때문이다.

어렵사리 바다를 메워 찾은 새 땅은 어떻게 활용할까? 절대 다수의 면적은 경작지이고, 이 외에 산업시설 용지, 양식장(양어장), 그리고 염전 등을 조성하기도 한다.

최근 이로 인해 북한 서해안의 지도가 몰라보게 바뀌고 있는 중이다. 이 사실은 위성지도(구글어스)를 통해서도 쉽게 확인할 수 있고, 또한 북한 관련 유튜브 채널 등에서도 다양한 홍보영상을 통해 알 수 있다. 그러나 그동안 북한 서해안의 간척사업에 대한 전모는 별다른 주목을 받지 못했다.

지리적 여건

북한의 간석지 현황(출처 : 리홍섭 1986)

해당지역	간석지면적 ha	해당지역	간석지면적 ha
평안북도	118,722	황해남도	121,068
평안남도	84,325	함경북도	307
남포시	2,797	개성시	1,049
강원도	39		
		총계	328,306

한반도 서해안은 일명 '동북아의 지중해'로 불린다. 〈그림 1〉에서 알 수 있듯이, 황해는 중국의 발해만과 요동반도, 그리고 산동반도로 둘러싸인 갇혀있는 바다라고 해도 과언이 아니다. 따라서 해안에는 조수간만의 차가 큰데, 일반적으로 북쪽으로 갈수록 커지기 마련이다.

〈그림 2〉에 '조수간만의 차이' 표에 의하면, 인천이 8.32인데 비해 해주는 6.8, 남포는 5.61, 용암포는 6.48이다. 다시 말해, 북쪽이라도 지형이 튀어나온 곶串 지역은 아래쪽의 만灣 지역에 비해 간만의 차가 작다는 사실을 알 수 있다.

서해안은 동해안에 비해 경사가 완만하다. 따라서 썰물 때 개펄이 드러나는 땅인 간석지가 발달해 있다. 위로부터 압록강 하구에서

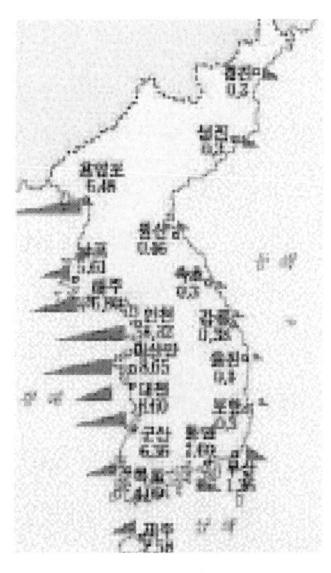

그림 2. 조수간만의 차이

부터 그 아래 청천강 하구, 또 그 아래 대동강 하구, 예성강 하구가 그 예이다. 이들 간석지에 방조제를 건설하고 안쪽에 갇힌 바닷물을 배수하여 매립하기만 하면 간석지를 농경지로 전환할 수 있다. 물론 간석지가 농경지로 전환되기까지 일련의 과정이 수반된다. 즉, 방조제 ▶ 매립 ▶ 관개수로망 ▶ 제염除塩 ▶ 농경지 전환의 순서로 진행된

다. 물론 농경지에서 농사를 짓기 위해서는 집단 이주민도 필요하고, 또한 이들의 주거지 건설도 필요하다.

북한의 농지면적과 생산성

한반도 전체면적은 22만 1336㎢이다. 남한 면적은 총 9만 9373㎢인데 비해 북한 면적은 총 12만 2762㎢이다. 남한 면적이 북한보다 작지만 비옥한 땅이 훨씬 많아 남한 인구가 북한 인구의 거의 2배이고, 식량 자급률은 훨씬 높은 편이다.

> 'FAO의 1995년도 통계에 의하면 북한의 작물별 농지 이용 면적은 총 재배면적이 161만ha로서 남한의 220만ha의 73%가 되어 남한 인구의 절반 수준인 북한 인구를 감안하면, 인구 1인당 재배면적은 남한에 비해 결코 적지 않은 편이다. 그럼에도 불구하고 식량난이 극심한 것은 반당 수확량이 비교적 낮다는 사실이다.
> 이는 비료, 농약 등 농자재의 부족, 국영농장의 경영부실, 생산의욕의 감퇴, 저수확 품종 등이 지적되고 있다. 농공학적인 관점에서는 관개·배수, 농로, 수자원, 물관리, 무분별한 산지개간, 간척 농지의 제염 및 제방관리 등의 농지기반시설의 부족으로 인하여 토지 생산성이 떨어지고, 작은 재해에도 흉년이나 홍수 피해가 빈번한 원인으로 지적되고 있다.
>
> – 조병진 논문 「인공위성 화상자료를 이용한 북한의 간척자원 조사」
>   중에서 인용.

위 논문에서 알 수 있듯이, 북한은 경지면적이 절대적으로 부족한 편이다. 경지면적 중에서도 논보다 밭이 절대 우위에 있기 때문에 북한은 옥수수, 감자, 고구마 등과 같은 밭작물에 의존해 왔다. 논농사를 위한 가장 확실한 대책은 연안 해안을 간척하는 일이다. 간척사업의 시초는 일반적으로 고려 말 몽고군의 침입 당시, 주민들이 강화도로 피난하였던 시기로 본다. 이후에도 지속적으로 간척사업이 이뤄

서해안 간척 주요연표

1948	김일성 서해안 간석지 개발 강조
1953	평안남북도 연안간석지 예비조사
1954	서해안 간석지 전면조사
1958	압록강 하구 '비단섬' 간석지 개간
1961	토지개간령 공표
1963	김일성 '자연개조론' 교시 제창
1976	자연개조 5대 방침 선포
1981	30만 정보 간석지 개간 목표 제정
1986	서해갑문 준공
1987	시화호 방조제 착공(1994 준공)
1990	홍건도(황해남도) 간석지 착공
1991	새만금방조제 착공(2010 준공)
1995~6	홍수, 해일로 방조제 유실
1997	대계도 간척지 해일피해 복구 착수
1998	대계도 방조제 유실
2015	룡매도 간석지 6구역 완공
2016	홍건도 1단계 완공
2020	안석(남포시) 간석지 준공
2022	평북 월도 간석지 1차 물막이 준공

졌다. 예컨대, 김정호의 대동여지도에 있던 석모도가 간척사업에 의해 본섬과 합쳐진 것을 들 수 있다. 그렇다면 조선시대 간척사업은 어땠을까? 몇몇 관련 기록을 살펴보기로 한다.

역사 속의 간척사업

'최초의 간척은 고려시대 몽골 침입기에 있었다. 천도遷都 이후 식량 확보를 위해 강화도에서 간척이 이루어졌으며 평안도 위도에서도 서북면 병마판관 김방경金方慶이 주도한 간척공사가 있었다. 김정호는 『대동지지大東地志』(1861~1866)에서 충청남도 당진과 아산 사이를 흐르는 삽교천 주변의 땅은 백제시대 때부터 군량 확보를 위해 끊임없이 간척이 진행되어 왔던 곳이라고 기술한 바 있다. (중략) 서해안 일대의 간척지 개발이 새로운 전기轉機를 맞이하게 되는 시점은 17세기 이후이다. 양 난(왜란·호란) 이후 군영軍營을 중심으로 한 국방체제의 전반적인 정비 과정에서 대두되었던 둔전 확대책은 개인의 수준을 넘어서서 국가 차원의 프로젝트로서 간척지 개발이 전개되는 계기가 되었다. 중앙과 지방의 각 관청과 왕실 가족의 가계를 담당하던 궁방宮房 역시 재원 확보를 위해 간척지 개발에 적극 가담하였다.

- 한국민속대백과

위 글에 의하면, 조선시대 간척사업은 주로 둔전 형태로 이뤄졌다. 둔전屯田은 군인들의 식량 조달을 위한 논으로, 군인들 스스로 간

그림 3. 북한의 주요간척지(1988 조병진)

석지를 매립하여 만들었다. 둔전 외 왕실 소유의 궁방전宮房田도 해안 간척사업을 통하여 확보했다. 다음으로 조선시대 평안도나 황해도에서 간척한 기록들을 살펴보기로 하자.

● 평안도 의주 섬들의 경우

"의주義州에서는 일찍이 5, 6백 섬들이 축통답築筒畓을 설치하여 관가官家의 운용에 들어가는 비용을 전적으로 여기에서 가져다 쓰고 민간에서는 조금도 징수하지 않았다."

– 출처 : 《승정원일기》 숙종 23년(1697) 9월 21일 기사

● 평안도 신미도 간척의 경우

관찰사 이병모李秉模가 급히 장계하기를, "신미도 등 세 섬의 개간할 만한 논과 밭은 모두 목장牧場 안의 산허리 이상에 있으므로 목장을 옮긴 다음에야 비로소 개간하여 경작하는 일을 논의할 수 있으며, 그 밖에 통筒을 쌓아 논을 만들 만한 곳은 비록 얼마 안 된다고는 하지만 섬의 백성들이 이익을 볼 수 있는 바탕이 되기에 충분하니, 묘당으로 하여금 주상께 여쭈어 처리하게 하소서." 하니, 주상이 묘당에 내려 의논하게 하였으나, 끝내 의견이 일치되지 않았기 때문에 중지하였다.

– 신역 정조실록 17년(1793)

'통筒은 언堰, 동垌과 함께 제방이나 방죽이라는 의미이고, 또 해안 지대를 동둑으로 막고 간석지를 개간하여 만든 논이라는

통답筒沓의 뜻도 있다.《승정원일기》에서 "축통築筒"을 검색하면 대부분 영조와 정조시기에 보이는데, 이는 조선 후기의 개간開墾과 간척干拓의 발달에 따른 것으로 보인다.'

– 왕조실록 각주

위 기록들에 의하면, 조선시대에는 '간척干拓'이란 말 대신 '축통築筒'이란 단어를 쓴 것을 알 수 있다. 또한 간척사업은 지방수령이나 병영兵營의 주도로 둔전 형태로 시행한 것을 알 수 있다. 또한 조정에서도 제언사堤堰司를 두어 지방수령으로 하여금 건설해놓은 제방(방조제 포함)들을 지속적으로 관리했다.

북한 서해안의 주요 간척사업

북한은 1950대 후반부터 서해안 간척사업을 벌여왔다. 간척 방식은 연안의 섬과 육지 사이를 방조제로 연결한 뒤, 그 안에 갇힌 바다를 매립하는 방식이다. 대상지로는 압록강 하구 비단섬(황금평)의 간척으로부터 청천강 하구, 대동강 하구, 임진강 하구에 이르기까지이다. 대표적인 간척사업으로는 평안북도의 대계도와 홍건도, 평안남도 대동강 하구의 남포시 일원, 그리고 해주만의 룡매도를 들 수 있다. 〈그림 3 참조〉

● 평안북도 대계도의 경우

대계도는 평안북도 철산군 앞바다에 있는 섬으로 간척사업은 1980

년부터 2010년까지 진행되었다. 이 간척사업은 착공 초기에는 열악한 건설장비, 태풍과 해일에 의한 피해 등으로 지지부진했으나, 시행착오를 거듭하는데 무려 30년이 걸려 마침내 완공할 수 있었다고 한다.

"조선에서 간석지개간 역사상 제일 큰 8,800정보의 대계도간석지 건설이 완공됨으로써 서해에 널려있던 섬들인 대다사도, 가차도, 소연동도, 대계도가 수십 리 제방으로 연결돼 굴곡이 심했던 평안북도 염주군, 철산군의 해안선이 대폭 줄어들었다"

"굴지의 간석지에 사회주의대농장과 함께 소금밭, 양어장들이 새로 생겨나고 방조제의 덕으로 여러 군의 바닷가 농장과 마을들에서 해일, 염기 피해를 영원히 모르게 되었으며 아득히 뻗어간 만년제방을 따라 염주군 다사 노동자구로부터 철산군 장송 노동자구까지 대윤환선도로가 형성되었다"

압록강 하구에서 10여 km 떨어져 있는 대계도간석지는 평안북도 철산반도부터 왼편의 다사도, 가차도, 소연동도, 대계도, 소계도를 잇는 총 13.7km 길이의 방조제 안을 매립한 것. 상보가 밝힌 수치 8,800여 정보(1정보=3,000평)는 81㎢가 훨씬 넘는다.

이는 여의도(8.48㎢)의 10배에 달하며, 현재 세계 최장 길이의 방조제(33km) 공사가 끝난 새만금간석지(매립완료 시 401㎢)의 5분지 1 정도에 해당한다. 현재 논란이 되고 있는 세종시(72k㎢)보다도 넓다.

- 통일뉴스, 2010. 7. 1

그림 4. 대계도 간척지 방조제와 내부망의 구획들

위 내용을 살펴보면, 대계도 간척사업은 방조제를 막음으로써 대규모 농장과 염전, 양어장, 그리고 방조제 위 새로운 도로의 조성이 가능했다. 물론 그 이외에도 간척지에는 산업용지와 이주마을도 조성할 수 있다.

평안북도 홍건도의 경우

홍건도 간척지는 북한의 간석지 개간 역사에서 가장 대규모라고 한다. 위치는 평안북도 동림군 안산리로부터 선천군 신미도까지인데, 두 단계로 나눠 진행됐다고 했다. 흥미로운 것은 조선시대에도 신미도 간척을 했다는 사실이다〈그림 3 참조〉. 당시에는 신미도 자체에서는 소규모 간척을 했다면, 지금은 인근 홍건도와 방조제를 건설하여 대규모로 한다는 게 차이점이다.

황해남도 룡매도의 경우

룡매도는 해주만 앞바다이고, 휴전선에서 불과 25km 떨어져 있다. 만약 남북경협이 재개된다면, 가장 주목받을 곳 중 하나가 이곳 룡매도 간척지이다. 왜냐하면 해주시는 개성공단이 정상화되면 곧이어 '포스트 개성공단'으로 떠오를 것이기 때문이다. 해주는 개성, 인천, 강화도와 지척에 있으므로 개성공단 정상화 이후 상호 협력 체계를 기대할 수 있다.

룡매도 간척사업은 2009년에 착공한 이후, 2022년 2월 현재까지 단계별로 추진하고 있다. 2020년 10월 기준, 3·4구역 방조제를 완공하여 3,600정보의 새 땅을 얻었다고 한다.

역간척, 간척 독주시대에 대한 반성

한반도는 세계 5대 갯벌 보유국이라고 한다. 하지만 20세기 들어 대규모 간척으로 인해 엄청난 면적의 갯벌이 사라졌고, 지금도 사라지고 있는 중이다. 최근 들어 간척지를 허물고 갯벌을 복원해야 한다

그림 5. 룡매도 간척지 방조제 전경(SPN 서울평양뉴스)

는 여론이 갈수록 거세지고 있다. 이름하여 '역간척'으로 그동안의 간척 독주시대를 반성하는 움직임이다. 하지만 역간척에 대해 적극적인 반성을 하려는 남한에 비해 북한에서는 전혀 그러한 움직임이 없다. 왜냐하면, 식량 증산이 발등에 떨어진 불이고, 이를 위해서는 여전히 간척을 통해 농경지를 확보해야 하기 때문이다.

북한 간척사업의 미래

〈그림 4〉의 위성지도에서 보듯이, 대상 지역은 압록강 하구에서 임진강 하구까지 골고루 펼쳐져 있다. 50년대 후반부터 무려 60년 이상의 간척사업에도 불구하고 여전한 북한의 식량난 이유는 무엇일까? 바다를 메워 간척지를 조성하는 일도 어렵지만, 그 간척지를 기름진 논으로 전환하는 일은 더더욱 어렵기 때문이다. 간척지가 기름진 논이 되기 위해서는 제염 과정, 관개수로 조성, 양질의 퇴비와 비료 등이 필수적인데, 북한의 간척사업은 이를 모두 충족하지 못했다고 볼 수 있다.

그럼에도 불구하고 북한 서해안의 위성지도를 살펴보면 놀랍기 그지없다. 우리는 새만금 방조제가 세계 최대라고 자랑하지만, 전체 방조제 길이로 보면 북한의 방조제가 오히려 더 길 것만 같다. 조만간 옥토로 변할 그 땅들을 기대하며, 기왕이면 가까운 미래에 북한산 간척지 쌀을 마트에서 살 수 있는 날을 상상해 본다.

함경북도 어랑천발전소, 왜 41년 만에 준공되었을까?

어랑천발전소, 41년 만에 준공

2022년 8월 4일, 함경북도 경성군 소재 어랑천발전소가 준공되었다. 국내 언론들은 이 뉴스를 비교적 크게 보도했다. 물론 '북한 조선중앙통신'에서 대대적으로 보도한 내용을 여과 없이 그대로 소개하는 방식이었다. 그렇다면 어랑천발전소에 대한 개요를 살펴보자.

그림 1. 어랑천 3호 발전소 전경

어랑천발전소는 함경북도 경성군 어랑천에 계단식으로 건설한 수력발전소이다. 총 5호기이며, 전체 발전용량은 134MW, 개별 발전소는 10~30MW이다.

어랑천은 함경북도 경성군 주을읍 궤산봉机山峰(2,277m)에서 발원하여 동쪽으로 흘러 동해의 경성만으로 유입하는 강이다. 길이 103㎞, 유역면적 1,950㎢. 상류 부근에서는 대체로 남류하다가 중류 부근에서 방향을 바꿔 동쪽으로 흐른다. 어랑천은 중류 부근에서 심하게 곡류하면서 2단의 하안단구를 만들었고, 하구 가까이에 어랑평야를 형성시켰다. 여기서는 쌀 외에 보리·밀·수수·옥수수·콩 등의 농산물을 재배하고 축우·양잠도 성하다.

하구 부근에서는 퇴적층 위를 곡류하면서 유로 변경에 의한 우각호를 형성하고 있다. 하구 가까이에는 유로 변경에 의한 우각호와 해

그림 2. 어랑천 3호 발전소 위치

면 상승에 따른 석호가 많은데, 한반도의 자연호 중에서 가장 큰 석호인 장연호長淵湖가 있다(그림 3-1 참조).

어랑천 하구에서 동쪽으로 6 km 거리에는 어대진항이 있다. 또 어랑천의 중류에 있는 삼포온천森浦溫泉은 무계호와 함께 관광휴양지이다.

- 출처 : 한국민족문화대백과

북한의 계단식 발전소는 어랑천발전소만이 아니어서, 일찍이 청천강 상류의 희천발전소를 계단식으로 무려 12개 호기를 건설한 바 있다. 한편, 청천강 상류와는 달리 어랑천은 유로도 103km로 짧고 수량도 훨씬 적은 편이다. 수력발전을 하기에 수량이 적을 경우에는 인위적으로 도수터널(북한명; 물길굴)을 뚫어 유역을 변경하기도 하는데, 이를 '유역변경식 발전 방식'이라 한다. 유역변경식 발전의 원조는 일제강점기 장진강, 부전강 발전소를 들 수 있다. 어랑천발전소

그림 3. 어랑천발전소 총계획도   그림 3-1. 계단식 발전소 호기별 위치도

의 경우에도 중간에 위치한 발전소는 산맥을 관통하여 도수터널을 뚫기도 했다.

이러한 힘난한 개발 과정이 있었기 때문에 북한에서도 어랑천 발전소의 준공을 대대적으로 보도했던 것 같다. 그 의의를 요약해보면 다음과 같다.

첫째, 김일성 주석이 개발을 공표한 지 무려 41년 만에 준공된 발전소이다.

북한은 김일성, 김정일 유훈 통치를 일상적으로 강조함으로써 정권의 정통성을 홍보하고 있다. 선대의 유훈임에도 불구하고 공사가 이토록 지연된 이유는 경제난과 함께 건설 장소가 상대적으로 오지였다는 점이다. 즉, 타 지역에 비해 개발 효과가 낮았기 때문이다.

둘째, 상대적으로 낙후된 함경도 오지에 계단식 발전소를 건설했다.

어랑천발전소는 김일성 주석의 유훈이기에 김정일 역시 집권 초기부터 엄청난 압력(?)을 행사했음에도 불구하고 공사가 지연되었다. 그 배후에는 91년 러시아연방의 붕괴 이후, 러시아로부터 기술적·재정적 지원이 뚝 끊기고 말았기 때문이다. 비록 준공은 지연되었으나 선대의 약속을 기어이 완수했고, 이를 계기로 동해안 지역의 전력 개발에도 집중하겠다는 의지의 표현이다.

셋째, 유엔 경제제재와 코로나19사태에도 불구하고 당초 계획했던 5호기를 완공했다.

북한 당국이 핵개발을 포기하지 않는 한 유엔 경제제재는 지속될 것이고, 이로 인해 발전설비 핵심부품도 외부로부터 수입을 할 수 없다. 건설 및 유지관리에 있어 대규모 다목적댐보다 비교적 용이한 소수력발전소가 더 많이 건설될 것이라는 일종의 신호탄으로 볼 수 있다.

주체사상, 자력갱생, 그리고 소수력발전

북한에서도 전력은 국가에서 제공하는 것이 당연시 되어 왔지만, 이제는 각자도생, 지역마다 가정마다 스스로 자력갱생을 해야 하는 상황이 되고 있다. 소수력은 자력갱생 구호에도 딱 어울리는 발전방식이 된 셈이다.

북한은 김정일 정권 말기인 2009년 희천발전소를 착공했다. 청천강 상류에 12호기 계단식 발전소를 건설하는 공사였는데, 이때부터 지역별로 소수력발전소를 건설하는데 주력했다고 할 수 있다. 평안도와 황해도의 하천과 달리, 동해안은 산맥으로 인해 경사가 급한 반면 유로가 짧은 편이다. 수력발전에 필요한 수량을 확보하기 위해 산맥 아래 도수터널을 뚫어 유역변경을 하여 낙차가 큰 동해 쪽으로 보내는 방식을 사용했다. 어랑천발전소 역시 유역변경식으로 지난 8월 4일, 계단식 발전소 5호기를 최종 완공했다.

어랑천발전소는 1호부터 5호까지의 발전소로 구성되어 있다. 총 발전량은 13만 4000KW 규모이다. 김정은은 어랑천발전소의 용도에 대해 "공업이 밀집되어 있는 함경북도의 경제사업과 인민생활에 크게 이바지하게 될 것"이라고 밝혔다.

어랑천발전소는 계단식 발전으로 총 5호기를 건설했다. 1988년 1호기를 호기롭게 착공했으나 공사가 중도에 흐지부지 중단되고 말았다. 김일성의 유훈인데도 중도에 중단된 이유는 무엇일까?

알려진 바와 같이, 북한은 남한의 '88올림픽 유치'에 충격을 받은 나머지, 1989년 세계청년학생축전을 무리하게 유치한 바 있다. 이

어랑천발전소 관련 주요연표

1981. 6.		김일성 주석 개발 지시
1988.		어랑천발전소 1호기 착공
1994.		신포경수로 개발계획(제네바 합의)
2000. 8.		김정일위원장 공사 독촉
2003. 12.		신포경수로 공사 중단
2006. 6.		신포경수로사업 공식 종료
2007. 1.		어랑천 1호 준공
2008.		김정일 위원장 현지 시찰
2009. 3.		희천발전소 착공(청천강 상류)
2014. 2.		어랑천 2호 준공식
2015.		희천밀진소 12호기 전체 준공
		어랑천공항 확장공사(~2016)
2018. 6.		김정은 위원장 현장 방문 독려
2019. 12.		팔항언제(댐) 준공(어랑천 3호)
2020. 7.		어랑천 4호 준공
2020. 10. 5.		당창건 75주년
2022. 8. 4.		어랑천 3호기 준공(전체 준공)

대회를 성공시키기 위해 당시 능라도 5.1경기장과 부대시설을 건설하면서 국가 재원을 쏟아 부었다. 당시 서평양의 지하철 노선을 능라도 5.1경기장을 경유하여 동평양 문수거리까지 연결시키는 공사도 벌였지만, 대동강 하저터널 공사 도중 불의의 붕괴사고로 인해 엄청난 인명 피해가 있었고, 그 충격으로 공사가 중단된 뒤 2022년 지금까지도 지하철공사는 재개되지 않고 있다.

북한 당국은 1989년 세계청년학생축전을 가까스로 치렀지만 내부적으로는 심각한 재정난에 허덕이고 있었다. 설상가상 1991년 러시아 연방의 붕괴로 인해 더 이상 공산권의 지원이 뚝 끊기고 말았다. 그 여파로 1994년부터 무려 10년 간 고난의 행군을 겪어야만 했던

그림 4. 어랑천발전소 언제(댐) 건설 장면–생콘크리트로 피라미드를 쌓듯 건설 중이다.

것이다. 고난의 행군 동안 북한의 대형 인프라 투자는 중도 포기 내지는 잠정 중단되고 말았다. 어랑천1호발전소는 1988년 착공 이후, 무려 9년 만인 2007년 1월, 준공식을 가졌는데, 당시 조중통의 보도를 살펴보자.

> 북한 조선중앙통신은 27일 "청년돌격대원들을 비롯한 건설자들이 혁명적 군인정신, 결사관철의 정신을 높이 발휘해 어랑천1호발전소를 완공, 조업식이 26일 진행됐다"고 전했다.
> 이 발전소가 조업에 들어감으로써 북한 내 전력생산이 늘어나 경제발전과 인민생활 향상을 도모할 수 있게 됐으며 이 지대의 자연풍치도 더욱 아름답게 바뀌게 되었다고 중앙통신은 밝혔다. 조업식에서 보고자들은 "올해는 어랑천1호발전소를 정상적으로 운행해 전력생산에 박차를 가하고, 2호발전소 건설에서 새로운 혁신을 일으켜야 한다"고 강조했다. 또 조업식에서는 김정일 국방위원장이 건설자들에게 보낸 '감사'가 전달됐다고 중앙통신은 소개했다.
> – 연합통신

1호기 준공 이후, 후속기도 건설을 서둘렀으나 경제난으로 인해 공사는 지지부진했다. 지난 8월 4일, 어랑천발전소의 최종 준공을 보도한 뉴스를 살펴보면, 그 의의를 잘 알 수 있다.

"……(2022년 8월 4일) 어랑천3호발전소가 준공됐다. 어랑천 발전소 건설 총계획도에 반영된 마지막 공사 대상인 3호발전소 건설이 완공됨으로써 이 지구에 계단식 발전소들을 건설해 대규모의 동력 기지를 일떠세울 데 대한 위대한 수령 김일성 동지와 위대한 영도자 김정일 동지의 유훈이 빛나게 관철됐으며 함경북도의 경제 발전과 인민 생활 향상을 위한 새로운 도약대가 마련되게 됐다."

– 2022. 8. 5. 조선중앙통신

악순환의 고리

2022년 여름, 한반도 중부지역의 폭우로 인해 북한에도 침수 피해가 컸다고 한다. 농작물 피해도 심각했지만 화력발전소와 소수력발전소에도 연쇄적인 피해를 당했다고 한다.

● 화력발전소의 경우

폭우가 쏟아지면 석탄 탄광지대도 침수를 피해갈 수 없다. 탄광의 막장이 침수될 경우, 제때 배수펌프를 가동하여 배수를 해야 한다. 그런데 전력 사정이 나빠 펌프 가동을 못하게 되면 석탄을 채굴할 수 없다. 석탄 생산이 안 되면 화력발전소도 가동을 못하게 된다. 수도 평양의 경우, 평양화력, 동평양화력, 북창화력발전소가 연쇄적으로 발전을 중단할 수밖에 없는 구조이다.

그림 5. 동평양화력-대기 오염의 주범? (인터넷)

소수력발전소와 양수발전

폭우가 쏟아지면 소수력발전소 역시 문제가 연쇄적으로 발생한다. 북한은 댐(언제) 상류의 산들이 대부분 민둥산으로, 이로 인해 폭우가 오면 토사가 쏟아져 내려 댐 내부에 침전되기 일쑤다. 침전된 토사는 발전기의 터빈으로 가는 관로를 메워버려 발전이 중단되고 만다. 토사 침전을 예방하기 위해서는 상류에 사방댐을 설치해야 한다. 사방댐이 없이는 토사 유입을 막을 수가 없는데, 최근에 건설한 계단식 발전소들은 사방댐이 완비되지 않았다고 한다.

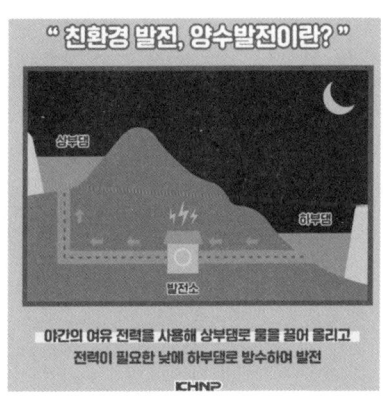

그림 6. 양수발전 개념도

한편 남한의 경우, 최근에 건설한 소수력발전소들은 양수발전 방식을 채택한 곳이 많다. 〈그림 6〉에 의하면, 전력부하가 높은 낮 시간에는 상부댐에서 발전을 하고, 전력 수요가 낮은 야간에는 심야 전기를 이용하여 하부댐에 저장된 물을 상부댐으로 끌어올린다. 소수력발전이야말로 친환경으로 미래 에너지로 각광받을 전망이다.

어랑천발전소의 미래

어랑천발전소는 북한의 서해안 도시들에 비해 한참 낙후된 동해안 도시들의 전력 사정을 개선하는데 일조할 것이다. 하지만 발전 용량이 15만 kw로 지극히 소규모이기에 개선 효과는 미미할 것이다. 왜냐하면, 발전 용량에 비해 수요처는 헤아릴 수도 없이 많기 때문이다.

첫번째 수요처로는 칠보산 관광지를 들 수 있다. 〈그림 3-1〉 어랑천발전소의 위치에서도 알 수 있듯이, 칠보산은 명천군에 있다. 칠보산은 백두산, 금강산에 이어 묘향산과 3위를 다툴 정도로 유명한 산이다. 만약 금강산 관광이 재개되고, 원산 갈마 국제관광단지가 개장한다면 칠보산 관광도 활성화될 것으로 보인다.

두 번째 수요처로는 어랑천비행장을 들 수 있다. 아래에 자유아시아방송 보도를 인용한다.

함경북도의 한 소식통도 "기존 어랑천비행장을 어랑국제비행장으로 꾸리는 공사가 올해(2015) 8월부터 시작됐다"며 "인민군

공병국 군인들이 어랑국제비행장 개건확장 공사에 동원됐다"고 29일 자유아시아방송에 말했습니다. 어랑천비행장을 국제비행장으로 개건확장하면 경치가 뛰어난 칠보산과 관모봉, '장연호'와 유명한 경성 주을온천에 외국인 관광객들이 보다 쉽게 찾아갈 수 있어 많은 외화를 벌어들일 것이라고 그는 확신했습니다.

- RFA 2015. 9. 10

이 기사에서 보듯이, 어랑비행장은 칠보산, 장연호, 경성 주을온천 등을 찾는 국내외 관광객을 유치하기 위한 인프라이다.

세 번째로는 어랑천 하구에 있는 장연호 관광지를 들 수 있다. 장연호는 한반도 최대 석호로 미래 관광지로써 개발 잠재력이 상당히 높은 편이다. 만약 제대로 개발한다면 강릉의 경포호에 버금가는 관광지로 거듭날 것이라고 한다.

'신포경수로 프로젝트'가 떠오른다. 만약 1,000MW 2기짜리 신포경수로가 예정대로 준공되었더라면 어랑천발전소는 애당초 건설할 필요가 없었을 지도 모른다. 단순 비교로도 어랑천발전소 15개와 맞먹는 규모이기 때문이다.

2023년 기준, 북한은 에너지란에 허덕이고 있다. '자력갱생'이란 여전히 낡은 구호와 소수력발전소에 목을 매기에는 가야할 길이 너무나 멀기 때문이다. 그럼에도 불구하고 어랑천발전소 준공은 놀라운 일이다. 다만 향후 유지 관리를 관심있게 지켜 볼 일이다.

김정은의 동서대운하, 실현 가능성을 따져본다

동서대운하의 최초 구상

"나라의 동서해를 연결하는 대운하 건설에 대한 과학적인 타산과 정확한 추진계획을 세우며 일단 시작한 다음에는 국가적인 힘을 넣어 반드시 성공을 안아와야 한다"

그림 1. 김일성의 동서대운하 구상(1954)

평양몽夢의 하늘

  2022년 9월 8일, 북한 김정은 총비서가 만수대의사당에서 동서대운하 건설을 공표한 내용이다. 2022년 10월 현재, 북한은 내우외환에 시달리고 있는 중인데도 천문학적 예산이 투자되는 동서대운하(이하 대운하) 계획을 발표했다는 것이 선뜻 이해가 가지 않는다. 밖으로는 유엔 경제제재와 코로나19사태로 인한 북중 국경봉쇄가 150일 이상 지속되었고, 안으로는 장마당 붕괴와 심각한 식량난, 평양의 5만 세대 살림집 건설 강행으로 총체적 경제난에 시달리고 있다는 것이 전문가들의 일치된 의견이다.

  이런 난국에도 북한은 뜬금없이 SLBM 미사일을 발사하듯 대운하 건설을 공표했는데, 대운하 계획은 김정은 총비서가 최초로 공표한 것이 아니고, 이미 1954년 김일성이 최초로 공표했다고 한다. 만약 김일성이 1994년 급작스럽게 사망하지 않았다면 지금쯤 완공되었거나, 운하가 아닌 관개수로로 축소되었거나, 아니면 백두대간을 넘어가지 못해 중도 포기되었을 지도 모를 일이다. 이 글에서는 김정은이 새롭게 공표한 동서대운하가 과연 실현 가능한지를 살펴보기로 한다.

동서대운하 구상의 배후

  지금으로부터 무려 68년 전, 김일성이 동서대운하를 구상했던 이유는 무엇이었을까? 표면적 이유로는 평양과 원산에 집중된 공장들로부터 생산된 철강재와 공산품을 빠른 시간 내에 전국적으로 수송하기 위함이었다. 즉 국토의 70%가 산악이기에 육로 개척보다는 물

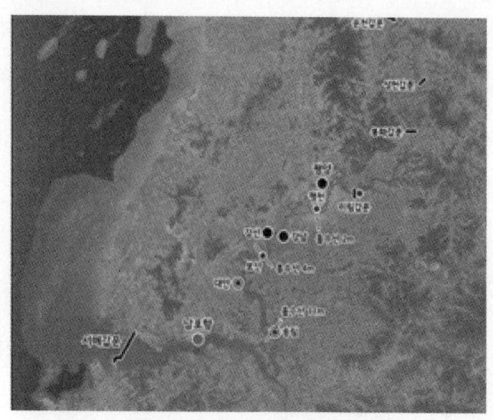

그림 2. 대동강운하의 5개 갑문 위치(교통연구원)

길 개척을 통해 북한 내의 물적 유통을 획기적으로 개선하겠다는 취지였던 것으로 보인다. 하지만 더 절실한 이유는 동해와 서해를 연결함으로써 북한 해군의 작전 능력을 배가하겠다는 판단이었다고 볼 수 있다. 다시 말해 한국전쟁 동안 북한 해군은 서해와 동해로 분리되어 있어 작전 능력을 제대로 발휘할 수 없었는데, 동서대운하를 통해 서해와 동해를 뱃길로 잇는다면 해군력을 두 배로 증강시킬 수 있다는 계산이었다고 한다.

그러나 1954년 당시, 김일성은 화물선이나 수송선이 백두대간을 넘어가는 일을 너무 쉽게 여겼다. 동서대운하도 수에즈운하나 파나마운하처럼 실현 가능할 것이라고 판단했던 것이다.

일설에 의하면, 1989년 대동강운하도 동서대운하의 기초공사라는 견해도 있다. 잠시 대동강운하에 대해서 간략하게 살펴보기로 한다.

대동강운하, 동서대운하의 씨앗?

1989년 북한은 대동강 하구에 서해갑문을 완공한다. 뒤이어 대동강 중상류에 5개의 갑문을 설치함으로써 대동강은 명실공히 운하를 보유하게 되었다. 하지만 예상치도 못했던 1991년 러시아연방의 해체가 발생하는 바람에 사회주의권 국가들의 원조가 중단되었고, 그 후폭풍이 북한에 불어닥쳤는데, 곧이어 1994년부터 '고난의 행군'이라는 초유의 경제난으로 인해 동서대운하는 수면 아래로 잠겨버렸던 것이다.

'조선은 운하의 나라였다', 조선왕조 5백 동안 한반도의 큰 강들은 나라의 대동맥 역할을 해 왔다. 강을 통해 조세미를 운송했을 뿐만 아니라 사람이 이동하고 물자가 유통되었다.

수평운하와 갑문식 운하

운하에는 수평운하와 갑문식 운하가 있는데, 수평운하의 대표적

그림 3. 수에즈운하(수평운하)와 파나마운하(갑문방식 운하)

인 예로는 수에즈운하가 있다. 수에즈운하는 지중해와 홍해를 잇는 수평운하이고, 파나마운하는 계단식 갑문 방식의 운하이다. 하지만 파나마운하는 해발 26m에 있는 산정호수인 가툰(Gatun lake)를 통과하는 반면, 동서대운하는 평균 해발 1천 미터에 이르는 백두대간을 넘어가야 한다. 만약 갑문 방식으로 백두대간을 넘어간다면 단순 계산으로도 갑문 숫자가 파나마운하의 40배인 200개를 설치해야 한다는 말이 된다.

동서대운하 구상의 최초 공표 이후 68년 간 북한 당국은 대운하의 실현 가능성을 두고 다각도로 검토하지 않았을까? 북한에도 우수한 토목기술자들이 있을 것이고, 해외 선진국들의 다양한 운하 개발 사례에 대해서도 조사를 했을 것이다. 그럼에도 불구하고 여전히 풀리지 않는 의문들을 소개해 본다.

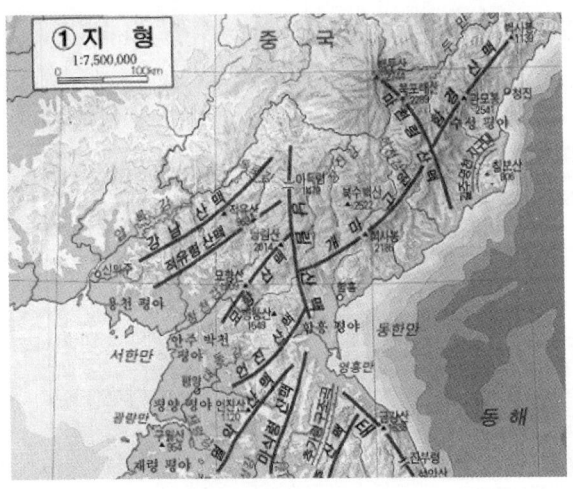

그림 4. 백두대간의 산맥들

대운하 개발의 최대 난제들

평양에서 원산까지는 직선거리로 약 150km이다. 〈그림 4〉 백두대간의 산맥들을 보면, 백두산에서 한반도의 척추처럼 종축으로 뻗어 내린 낭림산맥이 있고, 낭림산맥의 하단에서 남서쪽으로 뻗은 언진산맥이 있다.

대동강 상류에서 원산의 영흥만으로 물길로 연결하기 위해서는 평균 해발 1천m의 백두대간을 넘어야만 한다. 대동강 상류와 금야강 상류를 연결하는 노선으로는 어림잡아 200~250km가 소요될 것이다.

해외 사례를 살펴봐도 해발 1천m 고산지역을 넘어가는 운하는 없으며, 첨단 기술로 극복이 가능하다고 하더라도 예상되는 난관들은 여전히 산재해 있다. 우선 몇 가지만 살펴보자.

● 운하 예정 노선

운하의 예정 노선으로는 대동강 상류와 원산의 금야강을 연결하는 노선이 유력하다. 금야강은 영흥만으로 유입되기에 대동강과 금야강을 운하로 연결하면 평양과 원산이 운하로 연결되기 때문이다.

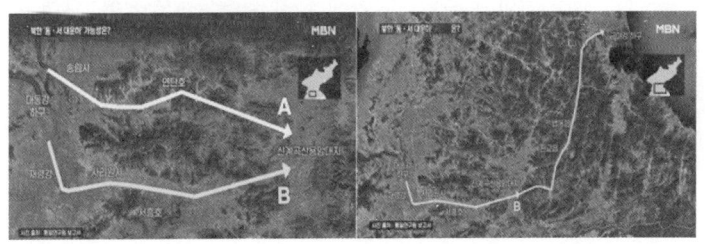

그림 5. 동서대운하 추정 노선-대동강과 금야강 (MBN 방송 캡쳐)

물론 지난 9월 8일, 김정은의 대운하 공표에는 구체적인 노선에 관해 언급한 바 없지만, 전문가들의 예정 노선 추정에 따르면 그러하다. 평양-원산 고속도로는 총연장 196km인데, 동서대운하는 건설 과정 동안 인원과 자재의 원활한 수급을 위해 평원선 고속도로를 최대한 활용해야 한다. 하지만 기존의 금야강과 연결해야 하기 때문에 〈그림 5〉의 추정 노선처럼 중간지점에서 북쪽으로 방향을 꺾어야만 한다. 따라서 노선의 총연장은 200~250km에 이를 것으로 보인다.

● 백두대간 통과 방식

동서대운하를 건설하려면 이미 건설된 해외 운하 사례에서 롤 모델을 찾는 것이 좋을 것이다. 동서대운하는 어떤 운하와 흡사할까? 갑문 방식이라는 점에서는 파나마운하와 비슷하다. 다만 파나마운하는 해발 26m를 5개 갑문으로 넘어가지만, 동서대운하는 평균 해발 1천m의 백두대간을 넘어야 하는 것이 차이점이다. 단순 계산으로도 200개 이상의 갑문이 필요하다.

총연장 82km인 파나마운하의 경우, 통과 시간이 8시간인데 동서대운하의 경우 얼마나 걸릴까? 전체 길이도 2~3배로 길고, 갑문 숫자도 파나마운하에 비해 40배나 많기에 약 320시간(13일)이 소요될 것으로 추정된다. 그렇다면 서해에서 공해 상으로 이동하는 게 훨씬 유리하다는 결론이 나온다.

물론 갑문 방식보다 훨씬 진보된 리프트(lift) 방식을 적용할 경우, 낙차를 획기적으로 극복할 수 있다. 대표적인 사례는 〈그림 6〉의 벨기에 스트레피 티유 리프트를 들 수 있는데, 이곳 리프트는 수직 엘리베이터 방식으로 볼 수 있다. 리프트 방식을 곳곳에 적용한다고 해도 갑문 숫자를 줄이는 데는 한계가 있을 것이다. 또한 낙차는 쉽게 극복할지라도 통과 시간을 단축시키는 데는 여전히 한계가 있다.

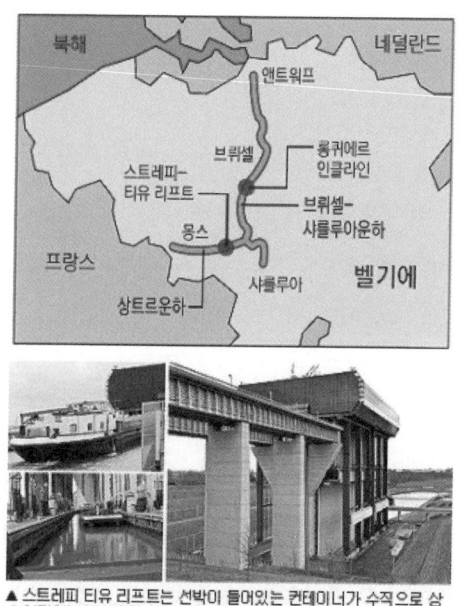

▲ 스트레피 티유 리프트는 선박이 들어있는 컨테이너가 수직으로 상승·하강하는 방식으로 상하류의 수위차를 극복한다.

그림 6. 리프트방식(2008. 1. 4 매일신문)

● RMD(라인, 마인, 다뉴브강(도나우)) 운하

RMD 운하는 유럽대륙을 관통하는 라인-메인-다뉴브 강을 한데 이어준다. 〈그림 7〉에 의하면, 마인강의 밤베르크에서 뉘른베르크까지 이어지는 유럽 분수령을 가로질러 메인 강과 다뉴브 강을 연결하고 있다. 운하는 북해와 대서양을 흑해로 연결해 라인 삼각주(네덜란드 로테르담)와 루마니아 남동부의 다뉴브 삼각주, 우크라이나 남서부의 항행동맥을 제공한다. 현재의 운하는 1992년에 완공되었으며, 길이가 171킬로미터(106미)이다.

— 위키백과

RMD운하는 이명박 대통령의 한반도 대운하 계획의 롤 모델이 된 운하이다. 이명박 대통령은 전문가를 대동하여 이 운하를 방문하여 사전조사를 했다고 한다. 이 운하의 총연장은 171km이고, 해발은

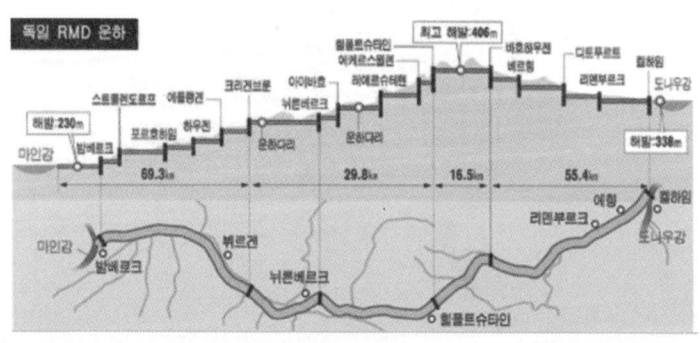

그림 7. RMD운하는 해발 406m를 넘어간다.

406m에 이르며, 도표 상의 갑문 숫자는 총 16개이지만 실제 갑문 숫자는 59개라고 한다.

공사기간은 31년으로, 1961년 착공하여 1992년에 준공되었다. 총 공사비는 약 3조 5천억 원이 소요되었다고 한다. 만약 동서대운하를 RMD운하 방식으로 건설한다면 공사 기간은 얼마나 걸릴까? 총연장이 1.5배이고, 해발고도가 2.5배인 것을 감안하면 최소 30년 이상이 걸릴 것으로 추산된다.

● 폴커크 휠(Falkirk Wheel)의 경우

운하가 고도차를 극복하는 방식으로 폴은 갑문 이외에 리프트 방식 〈그림 6〉은 영국 스코틀랜드에 있는 폴커크 휠 방식 〈그림 8〉을 소개한다. 이 방식은 날개가 두 개인 바람개비 모양의 회전 방식으

그림 8. 스코틀랜드의 폴커크 운하(위키백과)

로, 낮은 운하의 선박을 높은 운하로 이동시킨다. 사진에서 보듯이, 수위가 다른 두 운하를 이어주는 세계 유일의 회전식 리프트이다. 이 두 운하는 모두 20세기 초중반에 폐기되었다가, 2002년에 관광객 유치용으로 건설하여 성공한 사례로 꼽히고 있다. 만약 동서대운하에도 이런 방식을 적용한다면 세계적인 관광명소가 될 것이다. 물론 그러기 위해서는 휠 장치를 가동할 풍부한 전력이 전제되어야 할 것이다.

❀ 운하의 수량 확보 문제

파나마운하의 경우, 해발 26m 산정에 가툰호수(Gatun Lake)가 있는데, 이 호수의 물을 이용하여 갑문의 수위 조절을 한다. 하지만 동서대운하의 경우, 산정호수도 없을 뿐만 아니라 연중 강수량도 부족한 실정이다. 설령 낭림산맥의 골짜기에 인공댐을 막는다 해도, 장진호처럼 인공호수를 만들어 수량을 확보할 수 있겠지만, 한두 개 인공댐으로는 절대 수량이 부족할 것으로 보인다.

동절기 결빙 문제

수에즈운하는 지중해와 홍해를 연결한다. 지중해 기후와 아라비아 사막 기후에다 수평운하이기에 결빙의 염려가 전혀 없다. 파나마운하가 위치한 지역 역시 아열대성 기후로 온난하고 강수량도 풍부하다. 이와 달리 동서대운하는 동절기 동안에는 결빙은 물론 눈도 많이 내린다. 설령 운하를 성공적으로 건설했다 하더라도 동절기 결빙 문제는 해결할 방도가 없어 보인다. 만약 선박이 노천 운하가 아니라

그림 9. 라인강 유람선(인터넷)

터널 속을 운항하게 한다면 운하가 결빙될 염려가 없다. 하지만 화물선이 운항할 정도의 터널이라면 직경이 커야 한다. 참고로 파나마운하의 너비는 49m에 달한다.

실현 가능한 대안

위에서 살펴본 바와 같이, 동서대운하의 실현에는 무리가 있는 것이 사실이다. 천문학적 공사비에다 30년 이상 소요될 공사기간을 고려한다면 그 비용으로 얼마든지 다른 대안을 찾을 수 있을 것이다.

첫째, 관광용 소운하로 전환하는 방안

RMD운하의 경우, 화물 운송 보다 관광용으로 인기가 높다. 백두대간의 강원도 지역은 천혜의 관광자원이 있어 소운하로 건설할 경우, 관광과 관개수로를 겸할 수 있다. 한꺼번에 무리하게 추진할 필요도 없이 단계별로 건설하여 관광 유람선을 운행할 수 있기 때문이다. 원산의 갈마해안은 이미 국제관광지구로 개발해 놓았다. 금강산 관광객의 베드타운으로 개발했기에 금강산 관광과도 연계하면 소운하의 효용가치는 기대 이상으로 높아질 것이다.

둘째, 관개수로를 개발하는 방안

강원도 지역은 강수량이 적어 벼농사의 논농사 대신 옥수수나 감자와 같은 밭농사밖에 할 수 없는 지역이다. 만약 운하 대신 관개수로를 건설한다면 강원도 지역은 밭농사 대신 논농사로 전환할 수 있어, 식량난을 획기적으로 개선할 수 있을 것이다.

셋째, 동서고속철을 건설하는 방안

동서고속철은 산악구간에서도 얼마든지 건식공법으로 건설할 수 있다. 공장에서 부재를 제작한 뒤 현장에서 조립하는 방식을 적용하면 친환경에다 안전사고도 예방할 수 있고, 조립식이므로 공사기간도 획기적으로 단축할 수 있다.

또한 운하의 경우, 동절기에는 결빙으로 인해 가동이 불가하지만 고속철의 경우에는 전천후로 가동할 수 있다는 장점도 있다.

결론적으로 말하면, 해발 1천M 백두대간을 넘어가는 지역에는 운하를 건설하기보다 고속철을 건설하는 게 최선의 방안으로 보인다는 개인적인 의견이다.

북한의 관광단지 개발, 용두사미로 끝나는가
- 마식령스키장과 원산갈마 관광지구의 경우

김정은 집권 10년과 건설 열기

김정은 정권은 2022년으로 집권 10년을 넘겼다. 집권 초기에는 야심차게 출발했지만 10년이 지난 지금 상황은 어떤가? 한미동맹을 위협하듯 동해상으로 미사일을 뻥뻥 쏘아대지만 대외적으로 사면초가 형국이다. 2023년 2월 기준, 수도 평양에서조차 식량난이 극에 달했다는 소문도 꼬리를 물고 있다.

그러나 식량난 소문을 비웃기라도 하듯 지난 2월 25일, 평양의 북동쪽 서포지구에 4,100세대 살림집 건설 착공식을 거행했다.

대규모 관광단지 개발

북한은 2019년 말, 코로나 사태가 터지기 선까시만 해도 대규모 국제관광단지 건설에 총력을 기울였다. 유엔 경제제재에도 관광 분야만은 예외였기 때문이다. 특히 '원산 갈마 해안관광단지', '금강산 관광단지', '삼지연 산악휴양단지' 등이 대표적이다. 이들 관광단지들은 지난 3년 동안 어떻게 변했을까?

때마침 눈이 번쩍 띄는 기사를 만났다. '북한의 관광산업, 진퇴양난의 대규모 사업들(North Korea's Tourism Industry : A Grand Initiative in Limbo - 38 North/2023. 1. 26)'.

이 기사에서는 네 곳의 관광단지 프로젝트들의 동향을 소개하고 있다. 이들 프로젝트들은 필자가 전작 『북한의 도시를 미리 가봅니다』(가람기획, 2017), 『평양의 변신, 평등의 도시에서 욕망의 도시로』(은누리, 2019)에서 한번쯤 소개했던 것들이라 더욱 반가웠다.

기사에 다룬 네 곳은 마식령스키장, 원산갈마 해안관광단지, 삼지연 산악휴양단지, 그리고 금강산 관광단지이다. 이 글에서는 「38 North」의 해당 기사를 중심으로 이들 네 곳 관광단지를 소개해본다.

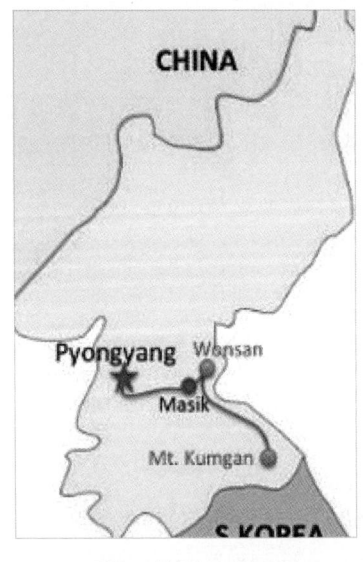

그림 2. 마식령스키장 위치

마식령 스키장

마식령은 해발 768m 고개로 강원도 문천시와 법동군 작동리 사이에 있다. '고개가 높아서 말馬도 쉬어 넘는 고개'라는 뜻이다. 평양에서 동해안으로 가려면 반드시 넘어야 하는 고개이기도 하다. 마식령스키장은 마식령산맥의 대화봉에 건설해 놓은 스키장 겸 휴양지이다.

마식령은 남한 언론에서도

수차례 주목받은 바 있다. 첫째는 '마식령속도'이다. 마식령스키장을 착공한 지 1년 만에 준공(2014)하면서 시공속도가 종전의 천리마속도를 능가했다는 자랑이었다. 둘째는 2018 평창동계올림픽 당시, 북한이 스키 종목을 마식령스키장과 공동으로 개최하자는 주장을 내놓았을 때이다. 하지만 월드컵 규정과는 달리, 동계올림픽에서는 2개국 분산 개최가 불가하다는 판정을 받았다. 마지막으로 2022년 10월, 김정은이 '동서대운하 건설 계획'을 공표했을 때이다. 동서대운하는 평양의 대동강과 원산 영흥만으로 흘러드는 금야강을 내륙 수로로 연결하는 사업인데, 이 공사가 성공하려면 최대 장애물인 마식령산맥을 넘어야 한다는 진단이 있었다.(*참조 ;「김정은의 동서대운하, 배가 백두대간을 넘어갈까」- 박원호 기술사)

마식령스키장 개요

위   치 : 강원도 법동군 문천리 대화봉 기슭
건설기간 : 2013. 1 ~ 2013. 12.
부지면적 : 14,000,000㎡(용평리조트의 4배)
시   설 : 리프트 2개, 1단계 4개주로 및 2단계 6개주로
관련시설 : 마식령스키장 호텔(지하 3층, 지상 8층, 200명 수용) 외 봉사시설 50개 이상
교통인프라 : 원산 갈마비행장
주변 호텔 : 원산시 새날호텔, 갈마호텔 개장

● 건설 배경

2013년 12월, 김정은이 북한에 스키 관광을 유치하기 위한 노력의 일환으로 강원도 대화봉(1,360m) 기슭에 마식령스키장을 개장했다. 마식령스키장은 인근 원산갈마 관광단지와 20km 떨어져 있으며, 원산갈마와 금강산관광단지와는 60km 남짓 거리에 있다. 따라서 관광 측면에서 상호 연계되어 있는 셈이다. 예컨대, 금강산 관광을 마친 사람들도 원산갈마 관광단지에 와서 휴식을 취하고, 마식령스키장에 왔던 이들도 원산갈마 관광단지에 들를 수 있다.〈사진 3〉이른바 사계절 관광단지로써 봄철, 가을철은 금강산 관광에 나서고, 여름에는 원산갈마를 찾아 해양관광, 겨울이면 마식령스키장에서 스키를 즐기는 것이다.

● 마식령속도의 그늘

2013년 한여름, 군부대를 동원하여 스키장의 부대시설을 '마식령

그림 3. 마식령스키장 정문(위키백과)

속도'로 건설 중이었으나 때 아닌 장마로 산사태가 발생했다. 비포장 비탈길이 산사태로 인해 끊어지자 골재 수송이 갑작스레 중단되었다. 길이 끊어지는 바람에 골재 수송 트럭들이 더 이상 운행을 할 수 없었기 때문이다. 하지만 북한 당국은 120여 톤에 이르는 골재를 운반하기 위해 군인들에게 등짐을 지고 나르게 했다. 이리하여 당초 예정보다 한 달 앞당겨 호텔 공사를 마무리했다고 한다. 결과적으로 '마식령속도'가 탄생한 것이다.

● 2023 스키장 부속시설 건설 중

코로나 19 사태에도 불구하고 지난 2년 동안, 11월과 12월에 제설 작업이 관찰되었다고 한다. 즉, 최소한의 스키장 유지관리는 진행되고 있을 것이라는 추측이다. 「38north」 보도에 의하면, 2022년 11월 촬영한 위성사진에는 5동 이상 연립 건물(condominium)의 기초공사가 관측되었다. 추측건대, 조만간 스키장을 재개장할 경우, 숙소용으로 이용할 것으로 보인다. 이용 대상은 외국인 관광객 전용이 될 수도 있고, 북한의 상류층이 될 수도 있겠다.

그림 4. 마식령스키장 위성지도(2018 38north 제공)

그림 5. 스키장 리조트 건설(38north)

원산갈마 해안관광지구

원산갈마 해안관광지구(이하 원산갈마 지구)는 '김정은의 마지막 승부수'라고 알려지기도 했다. 그만큼 북한 김정은 정권이 가장 역점을 두었던 사업이었다. 하지만 준공 직전 코로나 사태로 인해 공사는 중단되었고, 개장은 무기한 연기되고 있는 중이다. 지금 원산 갈마지구는 어떻게 되었을까? 본론에 앞서 원산의 입지조건부터 살펴보자.

● 원산의 입지여건

원산은 북한의 동해안 최대 항구도시이다. 원산은 일제강점기가 시작되기 전, 1880년 개항한 도시였다. 1914년 경원선 철도가 개통되었고, 1941년에는 평원선 철도가 개통되었다. 이후 1978년 평양-원산 고속도로가 개통되었다. 이는 북한 최초의 고속도로이기도 하다.

따라서 원산은 철도와 도로로 평양과 함흥 북부지역, 청진 그리고 나아가 러시아의 시베리아철도와도 연결될 수 있는 양호한 입지여건을 가지고 있다.

원산은 평양에서 150km, 금강산에서 85km, 서울에서 180km 떨어져 있다. 마식령 스키장은 원산에서 불과 45km 거리에 있다. 이처럼 원산은 북한 동해안의 최대항구인 동시에 산업, 교통, 물류, 관광 등 모든 면에서 허브 도시 역할을 할 수 있지만, 2023년 현재로서는 잠재력을 최대한 발휘하지 못하고 있는 실정이다.

그림 6. 원산갈마 해안관광지구(2022. 5. 조선중앙tv)

◉ 원산갈마지구 개발 배경

금강산 관광은 1998년 11월부터 2008년 7월까지 십년 동안 시행되었다. 금강산 관광 중단 이후, 10년 만에 원산갈마지구가 착공했다. 언뜻 생각해보면, 원산갈마지구와 금강산 관광과는 전혀 관계가 없을 것 같지만 사실은 대단히 밀접하게 연관되어 있다.

원산갈마지구는 금강산을 찾는 외국 관광객들의 베드타운(bed town) 성격으로 개발했다고 해도 과언이 아니다. 즉 낮 동안 금강산 관광을 즐긴 다음, 숙소는 이곳 갈마 해안의 최고급 호텔에서 묵도록 하는 것이다.

2018년 원산갈마지구를 개발하면서 김정은이 롤모델로 삼은 해외 프로젝트들이 있다고 한다. 첫째는 싱가포르의 마리나베이샌즈를 들 수 있다. 도덕국가 싱가포르가 놀랍게도 카지노장을 개설했기 때문이다. 김정은 역시 원산갈마지구에 카지노장을 열 계획이었다고

그림 7. 원산의 송도원해수욕장(인터넷)

한다. 또 다른 벤치마킹 사례로 사회주의 우방국가인 쿠바의 해안 관광 도시 '바라데로'였다고 한다.

그렇다면 2023년 2월 현재, 원산갈마지구는 어떤 상태인가?

● 갈마국제공항의 어제와 오늘

갈마공항의 기원은 일제강점기 1924년경 일본육군항공대가 건설한 공항이었다고 한다. 1950년 한국전쟁 당시에는 국군이 점령하여 한동안 미공군 K-25 기지로 운용되기도 했다. 그러나 중공군 개입으로 유엔군이 원산에서 철수하면서 원산비행장은 적군의 전용을 미연에 방지하기 위해 원산폭격의 대상이 되는 바람에 초토화되었

그림 8. 원산갈마지구 위성사진(38North)

그림 9. 갈마국제공항 내부(https://youtu.be/sp8WdUOt5_w)

다고 한다. 분단 이후, 원산비행장은 북한 공군 전용 비행장이었다. 2016년 국제공항 전환을 기념하여 국제에어쇼를 개최하기도 했다.

2018년 평창올림픽을 계기로 마식령스키장에서 남북 스키 공동훈련을 할 때, 대한민국 항공기가 일시적으로 운항하기도 했다. 2023년 2월 현재, 유튜브에는 리모델링한 갈마국제공항에 대한 동영상이 소개되어 있다. 코로나 사태로 인해 갈마공항 역시 방치된 상태일 거라 예상했지만, 소수 인원이긴 해도 마치 개항 준비라도 하듯 부산하게 움직이고 있었다. 그들은 러시아 관광객 또는 시운전 기술자 등으로 보였는데, 코로나 사태가 금방이라도 끝날 것 같은 분위기였다.

만약 금강산 관광이나 마식령스키장이 국제적으로 개방될 경우, 이곳 갈마국제공항은 관문 역할을 톡톡히 할 것으로 예상된다. 〈사진 9 참조〉

2023년 원산갈마지구 근황

 최근 위성사진에 의하면, 원산갈마지구에도 변화가 감지되고 있다. 짓다 만 건물들의 옥상에는 타워크레인이 그대로 있는 걸 보면 공사 재개 시 사용할 것으로 보인다. 두 개의 주요 시설인 워터파크와 돔형 경기장은 최근 들어 공사 재개를 한 것으로 보인다. 또한 갈마지구 건설 동안 공병대 및 기능공들의 임시숙소 건물은 최근 들어 해체된 것을 알 수 있다.

 북한 전문매체인 Daily NK의 보도에 의하면, 코로나로 인해 북한 당국의 역점 사업이 '관광'에서 '보건'으로 옮겨지면서 2020년 4월에는 원산갈마해안관광지구와 삼지연관광지구에 투입됐던 인력 대부분이 평양종합병원 건설 현장으로 옮겨갔다. 이후 코로나 사태 3년 동안 사실상 방치 상태에 있었던 원산갈마해안관광지구는 현재 거처 없는 꽃제비들이 드나들 만큼 관리가 되지 않고 있는 것으로 전해졌다. 외관 유리도 없고 미장도 안 돼 폐허를 연상케 하지만 꽃제비들에게는 한겨울 한파를 피할 수 있는 은신처가 되고 있다는 게 데일리NK 북한 내부 소식통의 전언이다.

 소식통은 "겉에서는 다 지은 것 같아 보여도 건물 안에 들어가 보면 공사판 그대로"라며 "꽃제비들이 싸놓고 간 똥이 여기저기 널려 있어 변소간이 따로 없다"고 말했다. 7총국 24여단 직속 부대가 원산갈마해안관광지구에 남아 시설물 관리를 하고 있으나

면적이 방대하고 건물이 150여 동이 넘다 보니 한 개 대대가 관리하기엔 역부족이라는 설명이다.

현재 원산갈마해안광광지구에는 기초 철골 공사 도중 작업이 중단된 건물도 간혹 눈에 띄지만, 건물 외부 건설은 90% 완성된 상태라고 한다. (하략)

- 2023. 2. 8. 「꽃제비 숙소로 전락한 원산갈마해안관광지구」, Daily NK

원산갈마지구, 또 하나의 용두사미인가

김정은 정권은 지난 10년 동안 대규모 건설사업에 총력을 기울였다. 대표적으로 평양의 류경호텔, 백두산 아래 산악휴양도시 삼지연시, 평양 인근의 양덕온천단지, 동평양의 문수물놀이장, 평양종합병원, 마식령스키 리조트, 그리고 원산갈마지구를 들 수 있다. 하지만 대다수 프로젝트들이 용두사미로 중단된 상태이다.

한 가지 선뜻 이해가 안 되는 점이 있는데, 이전 프로젝트가 채 준공도 되지 않았는데 또 다른 거대 프로젝트를 착공한다는 점이다. 자본주의 사회라면 곧장 기업 파산으로 이어졌을 것인데, 김정은 정권은 외골수 행진을 강행하고 있다.

원산갈마지구는 과연 어떻게 될까? 코로나 사태가 종료 국면을 맞음으로써 북한 관광은 재개될 것인가? 국제적인 관광산업은 북한으로서는 가장 기대되는 외화 수입원인데도 불구하고, 사전 분위기 조성은 도외시한 채 여전히 대륙간 탄도미사일 개발에 몰두하고 있는 형국이다. 결코 내수용 관광단지가 아닐진대, 지금쯤 국제적인 홍보에도 적극 나서야 하지 않겠는가. 물론 그러기에 앞서 우리 남한 관광객부터 초청하지 않는다면 어느 외국관광객들이 관심을 가지겠는가.

참으로 안타까운 노릇이다. 김정은 정권이 길을 두고 산을 가는 행보를 지속하는 한 마식령스키장도 원산갈마지구도 용두사미로 끝나고 말 것이다.

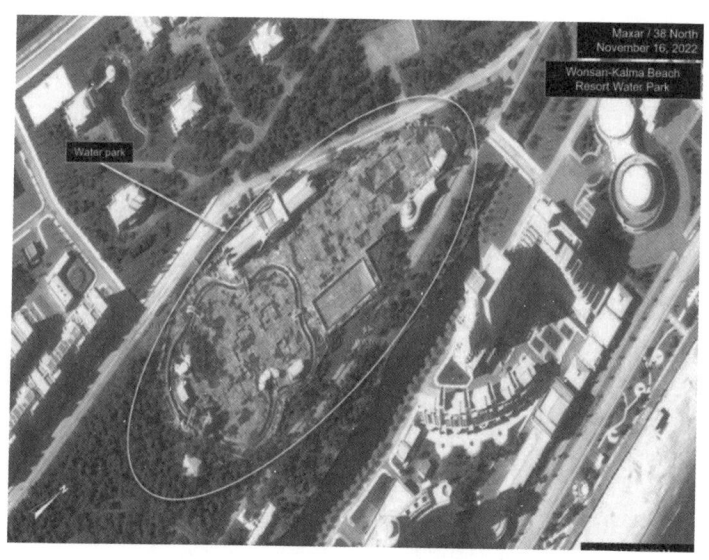

그림 10. 워터파크 공사 중단(38NORTH)

한강 하구~예성강 뱃길 복원에 대한 상상

 한동안 냉랭했던 남북 간에 갑자기 놀라운 소식이 들려왔다. 지난달 27일, 무려 413일 만에 남북 간 통신선이 복원된 것이다. 이번 통신선 복원을 두고 온갖 억측들이 난무하지만 그래도 소통은 만사의 시작이다. 이 소통을 실마리 삼아 남북경협 재개의 실타래도 술술 풀어내기를 고대해 본다. 남북 관계는 2인3각 경기와 같다. 공동으로 보조를 맞춰 가지 않으면 한 발짝도 앞으로 나갈 수가 없다.

 필자는 2008년 개성관광을 다녀온 적이 있다. 당일치기지만 박연폭포, 관음사, 숭양서원, 선죽교, 고려박물관 등 유서 깊은 곳은 다 둘러보았다.
 개성관광을 마치고 돌아오는 길에 상상했다. 한강 하구 강화도에서 뱃길로 예성강을 거슬러 올라 벽란도를 통해 개성으로 들어올 수 있다면 얼마나 좋을까. 이 노정은 고려 말, 1123년 송나라 사신 서긍徐兢(1091~1153) 일행이 밟았던 그 길이다. 당시만 해도 벽란도는 고려의 국제항 역할을 톡톡히 했다. 만약 한강 하구~예성강 뱃길을 복원한다면 문제는 없을까? 복원한다면 어떤 이점들이 있을까?

첫째, 한강 하구~예성강 뱃길은 국제적인 관광 상품이 될 수 있다.

개성은 유네스코 문화유산 도시이다. 앞에서 언급했듯이 900여 년 전 송나라 사신의 스토리를 되살릴 수 있다. 송나라 향수를 자극시켜 줄 중국인은 물론, 서울에 온 외국인들도 얼마든지 이 뱃길 여행에 참여할 수 있다.

둘째, 한강 하구, 예성강 주변 관광지와 연계할 수 있다.

당일치기는 기본이고, 느린 여행도 가능할 것이다. 소위 호핑투어(hopping tour), 강화도에서 뱃길로 출발하여 벽란도 도착 전에 도중에 머물렀다 갈 수 있는 여행 말이다. 또한 갈 때는 뱃길로, 돌아올 때는 육로 따라 내려오다 임진강 건너 파주 화석정에 머물다 다시 '자유로'를 이용할 수도 있다.

셋째, 예성강 나루터까지 강바닥 준설이 급선무이다.

유람선 운항을 위해서는 가장 먼저 강바닥을 준설하는 일이다. 그래야만 수심을 확보할 수 있기 때문이다. 준설을 통해 나온 강모래는 건자재로 팔 수 있다. 2000년 대 초반에만 해도 북한산 모래 반입이 꾸준히 이뤄졌다. 물론 이 모래는 북한 수역 연안 바다에서 채

취한 것이다. 한때는 북한산 모래가 아연괴, 조개 등과 함께 4대 반입 품목에 들 정도였다. 누이 좋고 매부 좋은 일이 아닐 수 없다.

넷째, 서해안 관광에 대한 기폭제가 될 것이다.

북한의 22개 경제특구는 북중 국경지대와 동해안에 각각 8개소씩 배치되어 있다. 나머지는 평양 중심으로 4개소와 대동강 하구 남포지역 2개소이다. 동해안에는 경제특구 이외에도 금강산, 원산갈

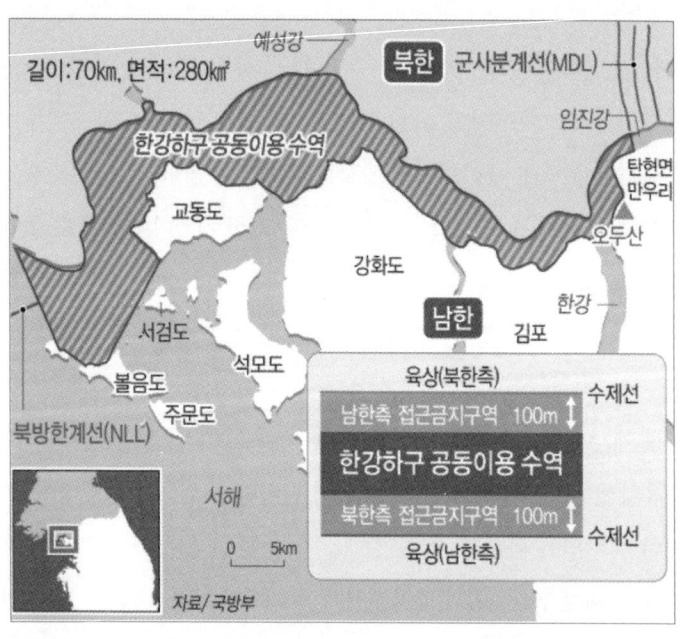

한강 하구 공동이용 수역(연합뉴스)

마지구, 마식령 스키장, 칠보산 등 소위 관광벨트로 불릴만한 지역들이 많다.

 이와 달리 서해안에는 경제특구도 관광단지도 거의 없다. 특히 구월산, 수양산 등 유서 깊은 곳이 많은 황해남도에는 아무 것도 없다. 대체 그 이유가 뭘까? 북한의 주력 함대인 서해함대 사령부가 해주에 있기 때문이다. 당초 남북경협 최초 무대로 개성보다 더 유력한 후보지가 해주공단이었다. 협상 막바지에 군부의 반대로 인해 해주 대신 개성이 낙점되었다는 사실을 아는 이는 다 아는 사실이다. 군부를 설득할 최고 지도자의 결단이 필요한 대목이다.
 예성강 뱃길로 다시 한 번 개성여행을 가고 싶다. 그때 그 민속여관에 들러 또다시 13첩 반상의 점심을 먹고 싶다. 예성강 뱃길 복원이야말로 한강 하구가 진정한 평화수역으로 거듭나는 길이고, 개성이 진정한 유네스코 문화유산 도시로 거듭나는 길이다. 나아가 포스트 개성공단시대를 여는 견인차가 되리라 믿어 의심치 않는다.

도야마 알펜루트에서 개마고원을 떠올리다

도야마 알펜루트를 가다

한여름에도 눈을 볼 수 있는 곳! 도야마 알펜루트는 일본의 대표 산악관광지로 유명하다. 작년 6월 20일부터 3박4일 일정으로 도야마 알펜루트를 다녀왔다. 갔던 날이 공교롭게도 '6월 21일 하지夏至' 날이었는데, 여름에도 설산과 설벽雪壁을 볼 수 있는 게 너무 신기했

그림 1. 쿠로베댐 전경(위키백과)

다. 여행 전 상상하던 것과는 천양지차로, 타테야마 설산의 신비와 함께 고산 협곡의 쿠로베댐을 보는 것 자체만으로도 감동이었다.

도야마 알펜루트는 오래전에 〈국토와 교통 저널〉에 '북한의 도시, 함흥' 편에서 소개한 적이 있었다. 당시 필자가 현지에 가본 적도 없이 이곳을 소개했었다. 그 이유는 만약 함흥~장진호~개마고원~백두산 트레킹 코스(이하 장진호 트레킹 코스)를 개발한다면, 도야마 알펜루트 코스가 최적의 벤치마킹 대상이라고 생각했기 때문이다. 일본 전문 여행사를 운영하는 지인에게 충분한 설명을 듣고 구글 어스를 통한 나름의 조사도 한 후에 내린 결론이었다. 하지만 현지답사도 없이 소개했다는 사실이 늘 찜찜하던 차에 모처럼 기회가 왔던 것이다.

일본에서는 당초 건설 시 악조건을 극복하며 쿠로베댐만 조성했다가, 뒤이어 산악 관광 코스까지 개발했다고 한다. 쿠로베댐과 터널·엘리베이터·로프웨이 등 쿠로베댐은 개통한 지 60년이 지났음에도 불구하고, 유지관리 상태가 대단히 양호했고 건설기술인들에게 좋은 자극을 주기에 충분했다. 우선 도야마 알펜루트에 관해 소개한 뒤, 장진호~개마고원 트레킹 코스(안)에 대해 알아보도록 하자.

도야마 알펜루트 개요

"다테야마 구로베 알펜루트는 '일본의 지붕'이라고 불리는 일본 알프스의 다테야마를 관통하는 다이나믹한 산악 관광루트이다. 도야마에서 나가노현까지 표고차 2,400m를 다양한 교통수단으로 횡단

한다."

이는 여행사의 홍보문구로써 알펜루트의 연중 개방 기간은 다음과 같다.

전 노선 개방 기간(덴테츠 도야마-시나노오오마치) 2019년 4월 15일~11월 30일, 부분 개방 기간(덴테츠 도야마-미다가하라) 2019년 4월 10일~4월 14일. 폐쇄 기간은 12월 1일~4월 9일이다.

도야마 알펜루트의 관광 성수기는 4월 하순이라고 한다. 그 이유는 여행하기 좋은 철인데도 해발 2,400m에 오르면 여전히 10m 이상 되는 설벽雪壁을 볼 수 있기 때문이다.

쿠로베댐黒部ダム 개요

그림 2. 쿠로베댐 팸플릿

「쿠로베댐」은 도야마현과 나가노현을 묶는 「타테야마 쿠로베 알펜 루트立山黒部(アルペンルート)」를 따라 조성된 일본 최대 규모의 아치식 댐이다. 필자가 현지에서 본 첫인상은 미국 후버댐의 모습과 흡사했다. 이 댐은 1956년에 착공해 1963년 완공했으며, 높이는 186m로 일본 최고로 기록되어 있다. 또한 1년에 약 10억kWh의 전기를 생산, 일반 가정 약 33만 가구에 공급하고 있다.

쿠로베댐의 둑은 쿠로베댐역과 쿠로베호수역을 연결하는 산책로이다. 이 둑을 걸어가면 댐과 주위의 산림이 만들어내는 장관을 즐길 수 있다. 호수에는 유람선도 운행 중인데, 후버댐으로 인해 조성된 미드 호수를 연상케 한다.

만약 이 쿠로베댐을 건설하지 않았다면 도야마 알펜루트라는 관광 상품은 지금도 존재하지 않았을 것이다. 하지만 이곳을 찾는 사람

쿠로베댐 개요

- **위　　치** : 도야마현 나카니카와군 다테야마마치
  - 다테야마 산(해발 3,015m)
- **발 주 자** : 칸사이전기회사 関西電力株式会社
- **댐 높이** : 186m, 길이 492m, 폭 8.1m
- **총저수량** : 2억㎥, 연간 발전량 : 19억kWh
- **공사기간** : 1956~1963(7년간)
- **건설공사비** : 513억 엔, 연인원 : 1천만 명
- **건설효과**
  - 전력 생산 증대
  - 도야마현(인구 110만 명) 산악관광지 변신
  - 산간오지 개발 효과

들은 십중팔구 해발 3,015m 타테야마 산을 보러 온다. 특히 4~6월에는 설산과 설벽 풍경, 9~11월에는 가을 단풍 구경이 좋다고 한다.

건설 배경

1945년 8월 15일, 일본은 태평양전쟁의 패전국이 되었다. 히로시마와 나가사키에 떨어진 원자폭탄으로 인해 미국에 항복 선언을 했고, 경제 상황은 한 치 앞을 내다볼 수 없을 정도로 나락에 빠져들었다. 그 상황은 1950년 6월까지 지속되었는데, 그랬던 일본에 기사회생의 기회가 되었던 것이 바로 한국전쟁이었다.

전쟁 초기에만 해도 연합군의 군수물자를 고베(또는 요코하마)~부산항 간 중개 수송만 해주었는데, 전쟁이 장기화하면서 군수기지로 전환했다. 이를 통해 일본은 한국전쟁 특수를 누리며 기적적으로 경제 부흥에 성공했는데, 당시 전쟁 특수로 인해 전력 수요가 폭발했고, 쿠로베댐 건설에도 박차를 가했다. 댐 건설의 공식적 명분은 관서 지역의 전력 부족 해결이었지만, 그 배경에는 한국전쟁을 위한 군수 지원이라는 거대한 수요가 있었던 것이다.

그림 3. 터널 속 전기버스 운행

공사 과정의 난관

쿠로베댐 공사는 해발 1,400m 이상 고산 협곡지대에 건설하는 공사였다. 따라서 시작부터 끝까지 난관의 연속으로 우선 건설 자재 및 건설장비의 운송부터 곤란했다. 건설 과정 중 암벽 발파 및 터널 굴착공사 당시에는 지하수와 토사 유출에 직면하기도 했다. 쿠로베댐 공사는 7년간 약 1,000만 명을 동원해 당시 가치로 약 513억 엔을 들인 대사업이었으며, 전후 최대 규모 '세기의 대사업'이었다. 공사 과정에 희생된 인명도 무려 171명으로 댐의 둑에 위령비가 세워져 있다.

아치댐 이유

아치댐(Arch Dam)은 수압을 양안의 암반으로 지지하는 구조이다. 이 구조의 장점으로는 댐 자체의 중량(중력댐)을 필요로 하지 않고, 댐 제방을 얇은 구조로 할 수 있다는 점이 있다. 특히 쿠로베댐은 평면적으로 아치형으로 되어있을 뿐 아니라 수직 단면이 상부가 될수록 하류 측으로 경사져, 단면상으로는 중력식 옹벽 형태이다. 따라

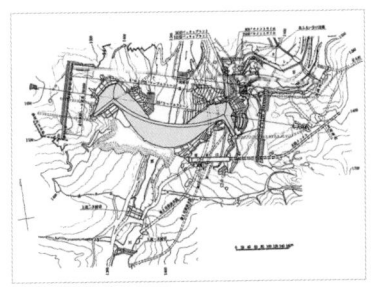 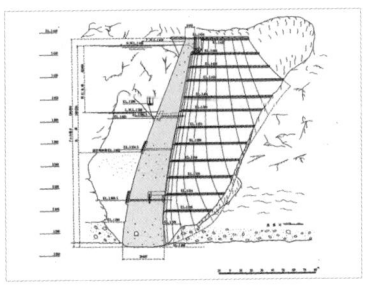

그림 4. 쿠로베댐의 평면도와 단면도

서 체적은 매우 적어서, 중력식 댐의 6할 정도에 불과하다. 이로 인해 결과적으로 콘크리트의 사용량을 줄일 수 있었지만, 당시에 시뮬레이션 설계기법도 없었음을 감안하면 실로 놀랍다고 하겠다.

쿠로베댐은 외형적으로 미국 콜로라도강의 후버댐과 흡사한데, 다음의 세 가지 점에서 유사성을 찾을 수 있다.

첫째, 협곡을 아치댐으로 막아 수력발전을 한다는 점. 둘째, 후버댐은 미드호수, 쿠로베댐은 쿠로베호수가 생겼고, 둘 다 유람선을 운행한다는 점. 셋째, 두 댐은 모두 산업시설인데 관광자원으로 적극 활용한다는 점이다.

쿠로베댐과 후버댐은 모두 아치댐으로 닮아 있다. 하지만 쿠로베댐은 양단이 새의 날개처럼 꺾여있는데, 그 이유는 무엇일까? 당초에는 아치의 연결부를 상단 양안의 암반에다 직접 설치하는 구조였으나, 상부 암반의 풍화로 인해 강도가 부족했다. 이리하여 아치의 상단 양 어깨를 잘라내고, 아치와 직각 형태로 중력식 윙댐(Wing Dam)으로 설계변경을 했다고 한다. 결과적으로 후버댐보다 한 단계 높은 기술적 진보가 이루어진 것이라 할 수 있겠다.

답사 코스

〈그림 5〉를 통해 도야마 알펜루트가 어떻게 구성되어 있는지 한눈에 알아볼 수 있다. 그림 중앙의 쿠로베댐을 중심으로 양단에서 접근할 수 있는데, 다시 말해 어느 쪽에서도 원점회귀를 할 수 있고, 통과

할 수도 있다는 뜻이 된다.

첫날 나리타공항으로 입국하여 도쿄의 아사쿠사와 센소시를 탐방 후, 이사와 시에서 1박을 했다. 다음 날 버스로 2시간 남짓 걸려 오오기사와 역에 도착했는데, 여기서부터 본격 도야마 알펜루트 코스가 시작된다. 물론 그 반대쪽에서 접근도 가능하다. 예컨대, 나고야 공항에서 출발해 타테야마 역에 도착할 수도 있다. 오오기사와 역에서 전기버스를 타고 20분 남짓 걸려 쿠로베댐에 도착했다.

알펜루트 종단코스

오오기사와 역 → 쿠로베댐(터널 속 전기버스 타고 20분) → 쿠로베다이라(경사 케이블카) → 다이칸보(케이블카로 이동) → 무로도 전망대(터널 속 전기버스로 이동/반환점) → 원점 회귀

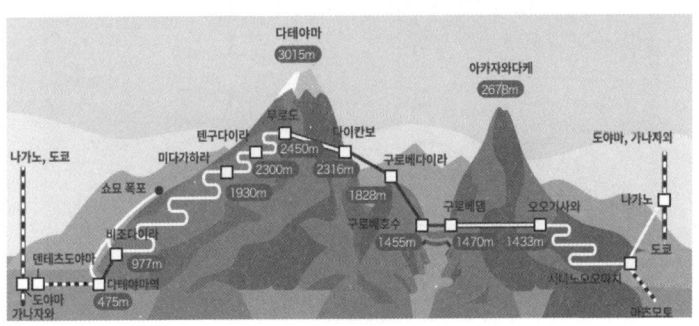

그림 5. 도야마 알펜루트 종단도

쿠로베댐 조각상

앞서 역사 속 쿠로베댐 건설을 간략히 살펴보았는데, 터널 속 전기 버스 속에서 댐 건설 과정에 대한 다큐 영상을 볼 수 있었다. 비록 흑백 필름이었지만 터널을 뚫는 과정이 얼마나 어려웠던가를 간접 체험할 수 있었다. 블록 파쇄대, 누수지대 등 고난도 공사를 극복하는 과정을 능히 상상할 수 있었다. 앞서 언급한 것처럼, 공사 과정에 순직한 기능공들이 무려 171명이라고 하니, 건설 환경이 얼마나 위험했는가를 능히 짐작할 수 있다.

쿠로베 댐의 둑은 산책로로써 10여 분 걸어가는 동안 댐의 실체를 느낄 수 있었다. 다만 아쉬운 점은 '관광 방류' 장면을 볼 수 없다는 점이었다. 지금은 댐 수위가 낮아 당분간 수력발전을 하지 않기 때문이라고 한다. 관광 방류의 장관을 보려면 8월 중순이 돼야 한단다. 상부에는 댐의 좌측 상단에 위령탑과 조각상이 있었다. 잠시나마 묵념

그림 6. 희생자 조각상(필자)

으로 희생자들의 명복을 빌었다.

● 경사 엘리베이터

쿠로베댐 상부는 산책로였는데, 산책로의 끝에서 다시 터널을 걸어서 쿠로베호수역에 도착했다. 이곳에서 경사 엘리베이터를 탔다. 경사도 31도에 운행 시간은 5분 남짓이지만, 마주 보고 앉는 좌석이 너무 비좁았다. 알고 보니 당초 공사용이었던 것을 관광용으로 전용했다고 한다. 비좁은 좌석으로 잠깐 불편했지만 당초 공사용으로 활용했던 시설이었다고 하니 아주 특별한 체험으로 느껴졌다. 비록 오래된 시설이지만 유지관리에 따라 반짝반짝 빛나는 느낌이었다.

무로도室堂 전망대 및 설벽 체험

경사 엘리베이터를 타고 도착한 곳이 다이칸보 전망대였는데, 건물 옥상에 마련된 전망대에 올라보니 시야가 확 트였다. 외국인 관광객 중에는 우리나라 사람들과 대만인들이 대다수를 차지했다.

다이칸보 전망대에서 다시 전기버스를 타고 종착역인 무로도에 도착했다. 무로도는 해발 2,400m로, 이곳에서 설벽 구간을 30여 분 도보로 걸었다. 이곳이 도야마 알펜루트의 하이라이트이다. 4월 하순에는 잦은 강설로 인해 설벽의 높이가 거의 20m에 육박하고, 설벽 사이로 버스를 타고 이동한다고 한다. 하지만 필자 방문 당시에는 버스길을 따라 산책을 할 수 있었다.

도로 양측으로 약 8m의 설벽이 녹지 않고 수직의 옹벽처럼 서 있는 게 신기하기만 했다. 어디선가 졸졸 시냇물 소리가 들려왔는데, 도로 양측의 측구로 눈 녹은 물이 흘러내리는 중이었다. 만약 이 소리마저 없다면 거대한 설벽의 영화 세트장에 입장한 것으로 착각할 판이었다. 다만 아쉬운 점은 3박4일 패키지 상품이라 나가노 쪽으로 하산하지 않고 이곳을 반환점 삼아 원점회귀를 한다는 점이다.

장진강 수력발전소와 장진강 전투

협곡의 쿠로베댐을 유명한 산악관광지로 개발했다는 사실은 마치 '꿩 먹고 알 먹고 둥지 털어 불 때고' 라는 속담을 떠올리게 했다. 필자에겐 관광 이전에 벤치마킹을 위한 선진지 답사 같았는데, 북한의 장진호와 개마고원, 백두산을 어떻게 연계시킬 것인가에 대한 생각을 오랫동안 해왔기 때문이다. 현재로선 신기루 같은 구상이지만, 언젠가 북한이 관광 개방을 할 경우 충분히 가능성이 있다고 본다.

함경남도 내륙의 장진호는 쿠로베호와 같이 인공호수이다. 압록강으로 흘러가는 강에 댐을 막아 물길을 반대편으로 돌린 뒤 수력발전소(1932)를 건설한 것인데, 소위 유역변경식 발전소(허천강·부전강 발전소 포함)이다. 여기서 생산된 전력으로 당시 세계 최대의 질소비료공장인 흥남질소비료공장(1927)을 건설했다. 흥남비료공장의 첫 가동은 1927년이었으나 장진강발전소 준공 이후 단계적으로 증설했다.

다음으로 장진호는 한국전쟁 당시 '장진호전투(Battle of Chosin

Reservoir)'로 유명한 곳이다. 1950년 11월 26일부터 12월 13일에 걸쳐 함경남도 장진군, 함주군 일대에서 유엔군과 중국인민지원군 사이에 벌어진 전투이다. 개마고원의 입구인 황초령 인근과 장진호長津湖 유역이 배경이 되었다.

세계 전쟁사에서는 현대전에서 미국과 중국의 군대가 제대로 맞붙어 싸운 최초의 전투이기도 하다. 미합중국 해병대 창설 이후 유독 치열했고 성공적으로 철수한 사례로 꼽히는 전투이다. (출처 : 나무위키)

그림 7. 타테야마 설산(필자)

즉 장진호는 '장진호전투 스토리'로 인해 남북한을 넘어 한국전쟁 유엔참전국에 이르기까지 잠재적 글로벌 관광 명소의 자격을 충분히 갖고 있다는 사실이다.

결론적으로 말해, 장진강 수력발전소와 흥남질소비료공장(현 흥남비료기업연합소), 장진호전투, 개마고원, 백두산에 이르는 산악 트레킹 코스를 개발한다면, 20세기 전반의 파란만장한 스토리만으로도 글로벌 산악관광지로 부상할 것 같다. 왜냐하면 남북한·일본·중국 그리고 미국을 비롯한 유엔 16개 참전국에 이르기까지 역사적 공감대가 확실하기 때문이다. 언젠가 장진호~개마고원~백두산 트레킹 관광을 갈 수 있는 날이 올 것으로 기대해 본다.

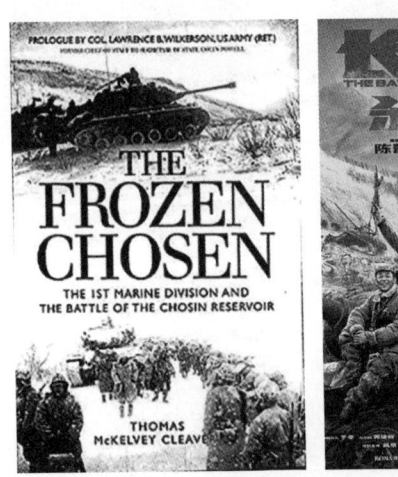 

그림 8. 장진호전투(미국) 다큐와 중국 극영화 포스터

3부

북한과 국제협력

21. 해외 건설사업을 남북 합작으로 한다면
- 남북 건설 경협에 대한 제안

'이 곳에 파견된 이후, 가장 먼저 한 일은 휴대폰을 구매한 일입니다'

-『월간 중앙』1월호, 2020

이 말은 블라디보스토크 건설현장에서 만난 북한 기능공의 고백이었다. 국내 언론사 기자가 블라디보스토크 건설 현장을 잠입 취재한 기사 내용 중 일부이다.

블라디보스토크는 러시아 동방정책의 상징 도시이다. 2022년 7월 기준, 도심 곳곳에서 건설공사가 벌어지고 있다고 한다. 2016년 8월 중순, 필자도 블라디보스토크를 다녀왔는데, 공항에서 북한 근로자 단체를 발견한 바 있다. 동방정책의 대상 도시들은 블라디보스토크 외에도 이르쿠츠크, 하바롭스크, 사할린 등이 해당되는데, 이들 도시에는 북한에서 파견된 기능공들이 건설 현장에서 절대 다수를 차지한다고 한다. 유엔 제재에도 불구하고, 러시아와 북한과의 관계가 그런대로 유지되고 있다고 볼 수 있겠다.

북한이 건설 기능공을 파견한 나라로는 러시아와 중국 이외에도 여러 나라들이 있다. 중동의 쿠웨이트, 카타르, 아랍에미리트, 동남아 국가로는 캄보디아, 방글라데시, 미얀마. 인도네시아 등, 아프리카 대륙의 중앙아프리카, 세네갈, 나이지리아, 봉고, 모잠비크 등이다. 코로나19사태가 터지기 직전, 북한 당국이 해외에 파견한 근로자들이 무려 15만 여명에 달했다고 한다(「북한 해외노동자 실태 연구」, 통일연구원 2017). 달리 말하면, 북한은 2016년 2월 개성공단이 중단된 이후, 외화벌이 수단으로 해외 건설 현장에 기능공을 파견하는 방향으로 급선회했다는 사실을 알 수 있다. 북한 밖으로 나오게 되면 감시와 통제가 느슨해 질 수밖에 없는데, 이로 인해 파견 기능공들은 단기간에 세상 물정에 밝아지는 것으로 보인다.

> "해외 나오면 공화국에 대한 배신감이 제일 먼저 든다." "조국에서 우리에게 배워 (가르쳐) 준 우리식 사회주의가 세상에서 제일이다는 게 가짜라는 사실을 바로 느낀다."
>
> – Daily NK 2021. 4. 1

이런 현지 사정을 북한 당국은 과연 모르는 것일까? 훤히 알고 있는데도 불구하고 외화벌이를 위해 다른 선택이 없기 때문에 묵과하는 것으로 볼 수도 있겠다.

통일연구원에서는 그동안 북한의 해외 파견 기능공들에 대해 지속적으로 모니터링 해 온 것으로 안다. 하지만 모니터링 방식은 주로 현지 이탈 주민을 대상으로 인권 차원에서 인터뷰하는 방식이었다. 인권이 최고의 가치이기는 하지만 건설 엔지니어인 필자에게는 이러한 모니터링 방식에 아쉬움이 남았다. 기왕이면 현지 프로젝트와 함께 이탈 주민들의 직종과 기능도에 대한 조사도 함께 이뤄졌으면 더욱 좋았겠다는 생각이 들었다.

통일은 현 정부 들어서도 과제이다. 하지만 먼 통일보다 가까운 경협 재개는 훨씬 쉬운 일이다. 남북경협 재개는 개성공단 재개에만 머물러서는 안 된다. 건설 산업은 아무리 AI 기술을 도입한다고 해도 앞으로도 상당 기간은 기능공의 손끝에 의존해야 한다. 세상에서 북한만큼 건설 기능 인력이 풍부한 국가가 없다. 그도 그럴 것이 북한 남성들은 군복무를 최소 10년 이상을 하는데, 그 기간 동안 전투훈련보다 건설 현장에 동원되는 것이 전부라 해도 과언이 아니다. 만약 해외건설을 남북 합작사업으로 추진할 경우, 세계적인 경쟁력을 확보할 수 있다는 뜻이다. 남북 건설 경협을 위한 향후 과제로서 다음의 세 가지를 제안하고 싶다.

첫째, 북한의 해외 파견 인력에 대한 데이터베이스를 만들어야 한다.

북한 당국이 동의한다면 더할 나위 없이 좋겠지만 동의하지 않을 경우, 현지 이탈주민들에 대해서라도 데이터베이스를 만들어야 한다.

둘째, 해외 건설 현장에서 탈출한 탈북민들의 체험담을 기록으로 남겨야 한다.

체험담만큼 훌륭한 교육 자료는 없다. 후속으로 해당국에 진출할 경우, 시행착오를 줄이는데도 적극 활용할 수 있기 때문이다.

셋째, 중동 지역과 러시아 동부지역에 대한 공동 진출방안을 적극 모색해야 한다.

사우디는 2030년까지 약 1500조 원 규모의 건설 공사를 발주할 예정이다. 또한 러시아 푸틴정부의 동방정책은 향후 20년 이상 지속될 예정이다. 만약 이들 지역에 남한의 기술력과 북한의 기능 인력이 합작하여 진출할 경우, 세계적인 경쟁력을 확보할 수 있을 것으로 보인다.

2022년 8월, 북한 당국은 현 시기를 '제2의 고난의 행군'이라 공표한 바 있다. 남북 건설 경협 재개 차원에서 '포스트 개성공단'과 함께 '포스트 김정은 시대'도 해외 건설에서 찾는 방안을 강구해야 할 시점이다.

평양몽夢의 하늘

22
블라디보스토크항, 중국 품에 안긴 이후
- 북한 나진항과 청진항의 미래

블라디보스토크항, 중국 품으로

'중국, 163년 만에 러시아 블라디보스토크항 사용권 되찾았다.

미국에 맞서기 위한 중국과 러시아 간 연대가 더욱 깊어지는 가운데, 러시아가 블라디보스토크 항구를 중국에게 열어주는 '통 큰 선물'을 내놨다. 1860년까지 블라디보스토크를 자국령으로 뒀던 중국으로선 163년 만에 블라디보스토크항 사용권을 돌려받은 셈이다.(하략)'

-2023. 5. 15. 한국일보

2023년 5월 15일, 국내외 유수 언론들은 일제히 러시아 블라디보스토크(이하 블라디) 항이 163년 만에 중국 품으로 돌아왔다는 뉴스를 전했다. 물론 이 결정이 하루아침에 이뤄진 일은 아니다. 중국 정부가 지난 수년 동안 현지에 인적 물적 교류는 물론, 러시아 푸틴 정부를 설득한 결과였다. 이 뉴스를 듣자마자 필자는 '북한 나진항의 운명'을 떠올렸다. 일찍이 2008년, 중국 정부는 북한의 나진항을 50

3부 • 북한과 국제협력

그림 1. 블라디항-시내와 루스키섬을 연결하는 사장교(위키백과)

년 동안 임대 계약한 바 있었다. 그러나 계약 이후 항만 개보수, 접근로 개보수 등에 투자했지만 유엔 경제제재로 인해 제대로 활용을 못 하고 있었던 것이다. 만약 중국 당국이 그동안 북한 나진항을 제대로 활용할 수 있었다면 어땠을까?

2023년 6월 1일부터 중국 당국은 블리디항을 수출입항으로 활용하고 있다. 〈그림 2〉에서 알 수 있듯이, 두만강 하구의 훈춘에서 블라디항까지는 불과 200km 이내에 있다. 종전에는 무려 1,000km 밖에 있는 요동반도의 끝, 다롄항까지 가야만 했던 것이다.

필자는 그동안 블라디와 훈춘을 몇 차례 방문한 적이 있다. 7년 전, 블라디를 두 번째 방문했을 때 중국인들이 많은 것에 놀랐고, 우리나라 여행객들, 특히 젊은층이 많은 것에도 놀랐다. 다만 중국인들은 상권을 이미 장악(?)한데 비해 우리나라 사람들은 거의 관광객 위주였다.

한편, 훈춘에는 일반 여행객은 거의 없었지만 포스코와 현대아산 그룹이 진출해 있었다. 당시만 해도 유엔개발계획(UNDP)에 의한 두만강 하구지역을 중심으로 5개국(북중러몽한)이 공동으로 자유무역지대를 개발한다는 기대로 들썩였다.

이 글은 블라디항의 중국 귀속으로 인한 북중러 삼국의 변화를 살펴본 뒤, 북한 나진항이 어떤 변화를 맞게 될 것인가를 전망해 보기로 한다.

블라디와 해삼위海蔘威

블라디보스토크는 '동방을 지배하라'는 뜻이라고 한다. 블라디는 러시아 극동연방관구의 주도로서 광역 인구는 약 100만 명에 이른다.

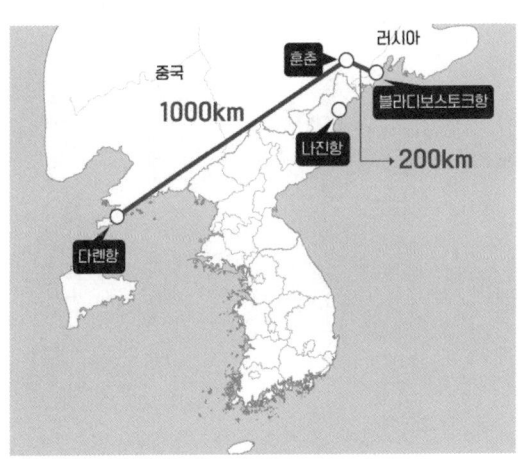

그림 2. 중국 지린성과 헤이룽장성과 주변 항만

1860년 청나라로부터 러시아가 할양 받기 이전에는 '해삼위'였다고 한다. 해삼위는 중국이나 러시아 보다 우리 민족의 애증이 서린 땅이다. 1860년 초반, 함경도 농민들이 최초로 이주한 이후, 1900년대 초에는 한인 이주민이 무려 30만 명에 달했다고 한다. 강제 이주 이후, 블라디의 한인사회는 심대한 피해를 입었으나 2023년 현재, 중앙아시아로 강제 이주 당했던 사람들은 현지에서 성공신화를 이룬 경우도 많다고 한다. 하지만 러시아연방 해체 이후, 최초 이주한 사람들의 2세들이 다시 블라디로 이주하는 경우도 늘어나고 있다고 한다.

연해주의 고려인

1800년대 후반, 연해주에는 조선인들의 집단 이주를 통해 1860년에는 신한촌도 건설되었다. 일제강점기에는 신한촌을 중심으로 독

그림 3. 블라디의 신한촌 기념비(인터넷)

립운동 지원 및 단체 결성은 물론 「해조신문」, 「대동공보」 등 우리말 신문도 발간되었다고 한다. 1909년 안중근 의사의 하얼빈 의거의 배후에도 연해주 한인 독립운동의 대부인 최재형(일명 최페치카)의 절대적인 후원이 있었다고 한다. 또한 연해주 한인들은 1937년 스탈린의 명령에 의해 무려 17만여 명이 우즈베키스탄, 키르키스탄 등 중앙아시아로 강제 이주 당했던 아픈 역사도 간직하고 있기도 하다.

블라디보스토크항 주요연대기

1860.	러시아 북경조약으로 연해주 인수 / 한인 이주 신한촌 건설
1891.	시베리아 횡단철도 착공식
1896.	동청철도(리시아 치타–블라디) 준공
1980.	청진 개항
1916.	시베리아철도 준공
1931.	만주사변 발발
1932.	만주국 설립
1945.	태평양전쟁 종전
1991.	유엔개발계획 광역두만강개발계획
1994.	김일성 사망
1993.	나선(나진–선봉)자유경제무역지대 선정
2009.	창지투 계획(중국 국무원)
2011.	(북한) 나선경제무역지대 공표 / 김정일 사망
2012.	러시아 신동방정책 공표 / APEC정상회의(블라디)
2015.	중국 지린–투먼–훈춘간 고속철 개통
2016.	신두만강대교(훈춘–라선) 개통
2018.	극동관구 행정수도 하바롭스크에서 블라디로 변경.
2023.	러시아 블라디항 중국에 50년 임대

푸틴의 신동방정책

2012년 이후 푸틴의 신동방정책으로 주목받기 시작했다. 2012년 극동개발부 신설, 2015년 경제특구(선도개발구역과 블라디 자유항) 지정, 2015년 동방경제포럼 창설 및 정례화, 2016년 극동 헥타르 프로그램 시행, 2017년 '극동지역 인구확대 정책 2025' 등이 연이어 추진되었다. 다시 말해 신동방정책의 중심에 블라디항이 있는 것이다. 비록 블라디항을 중국에 50년 동안 임대해주었다고 할지라도 러시아 정부의 신동방정책 추진에는 아무런 영향이 없을까?

그동안 지린성과 헤이룽장성은 중국의 동북3성 중에서도 수출입항이 없어 발전이 지지부진했다. 그 확실한 대안으로 블라디항을 얻었고, 러시아의 극동관구 역시 중국의 힘을 빌려 신동방정책에 일대 전기를 만들고자 했다. 그동안 훈춘과 블라디항 사이에 위치한 러시아의 포시에트항과 자루비노항도 시너지 효과를 기대하고 있다. 결론적으로 말해 중국과 러시아의 윈윈(win-win) 효과에 대한 판단을 내렸다는 말이다.

훈춘, 떠오르는 물류기지

2015년 10월, 훈춘을 다녀온 바 있다. 훈춘시는 지린성 옌벤조선족자치주의 현급도시이다. 훈춘시 인구는 28만 명인데 전체 인구의 50%가 조선족이다(2022년 기준). 예전에는 조선족들이 훨씬 많았는데 중국정부에서 정책적으로 한족들을 이주시키는 바람에 갈수록 한족 비율이 높아지고 있다. 하지만 외관적으로는 여전히 조선족자치주답게 한글 간판들이 많다. 예컨대, 훈춘역에도 한글 간판 '훈춘역'이 붙어있고, 길거리에도 한글 상호들이 즐비하다.

훈춘은 1990년대 초반에만 해도 두만강 하구의 한적한 도시였다. 지금은 북중러 삼국 접경지역의 거점 도시로 변했다. 특히 인프라 분야의 변화가 주목할 만하다.

동북아의 허브항 목표

연변조선족자치주가 관할하는 훈춘에는 4개의 항구가 있다. 2개는 러시아로, 2개는 북한으로 향한다. 훈춘을 물류센터로 하여 국제물류운영자들은 해상-철도-육상 복합운송을 실현할 수 있다. 이곳 항구는 러시아, 일본, 한국, 심지어 남미에서 온 상품들이 중국으로, 내륙으로 운송되기도 하고, 그 반대로 향하기도 한다. 다만 훈춘국제무역항은 바다가 아닌 두만강 하구에 면해 있어 수심이 5m 전후로 대형화물선의 접안이 어렵다. 또한 두만강 하구에는 북한과 러시아 사이 두만강철교(우정의 다리)가 있어 대형화물선은 통과할 수가 없다.

두만강하구 개발계획(GTI)

GTI는 유엔 개발 프로그램(UNDP)의 지원을 받는 프로젝트로서 중국, 몽골, 대한민국 및 러시아 연방의 4개국 간의 정부 간 협력 메커니즘이다. 당초에는 일본도 참가했으나 중도 하차한 바 있다.

GTI의 취지는 회원국 정부 간 경제 및 기술 협력을 강화하고 NEA

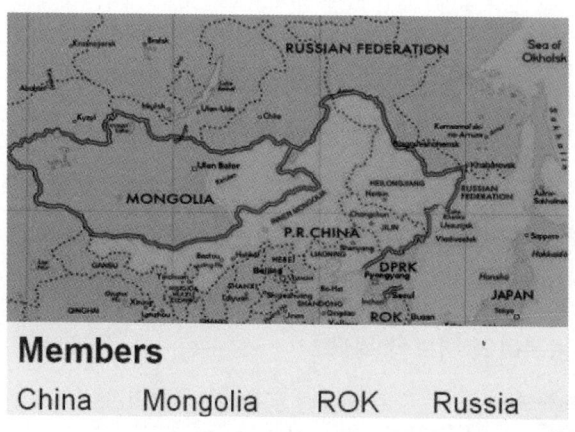

그림 4. 두만강하구 개발계획 영향권

및 특히 광역 두만 지역에서 더 큰 성장과 지속가능한 개발을 달성하는 것이다. 특히 운송, 무역 및 투자, 관광, 농업, 에너지 등의 우선 분야에 중점을 두기로 했다.

GTI의 핵심 의사결정 기관은 GTI 회원국 정부의 차관으로 구성된 자문위원회이다. 위원회의 역할은 지역 협력과 발전을 지원하고 상호 이해를 증진하는 것이다. 당초 기대와는 달리, 2011년 김정일 위원장의 갑작스런 사망과 코로나19사태로 인해 활동이 정체되었으나 조만간 재가동할 것으로 보인다.

창지투長春-吉林-図們 선도구

창지투 개발계획은 중국의 일대일로 정책의 연장선이다. 지린성吉林省의 '창춘長春–지린吉林–두만図們(투먼)강 일대'를 연계해 동북아

지역의 새로운 성장거점으로 육성한다는 취지로 중국의 국가급 프로젝트이다. 〈그림 5 참조〉

창지투 개발사업의 핵심은 두만강지역 국제협력을 통한 새로운 육해복합 국제물류 통로를 개척하는 것이다. 이를 통해 창지투 지역을 동북아 물류허브로 육성한다는 계획이다. 즉 지린성 훈춘을 허브로 동쪽으로는 러시아의 자루비노항과 북한의 나진항, 청진항 등을 거쳐 동해, 즉 태평양으로 진출하는 것이고, 서쪽으로는 지린, 창춘, 바이청, 네이멍구 등 지역을 거쳐 몽골의 쵸바산과 연결하는 것이다.

이 계획의 일환으로 고속도로, 철도, 변경통상구, 대외 물류통로, 대외항만 등 5개 부분을 재정비 또는 신규 투자하는 것이다. 이번 블

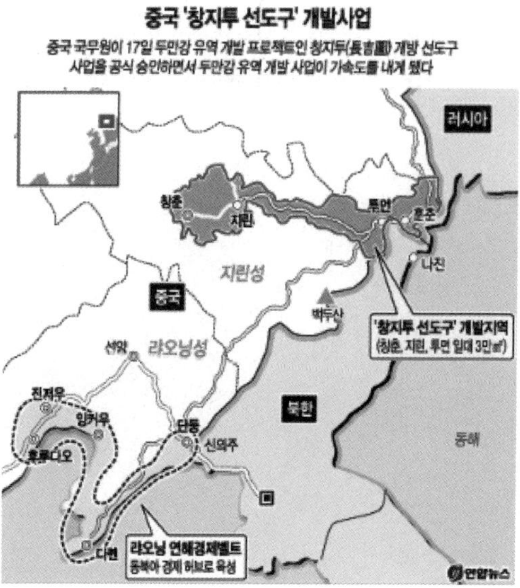

그림 5. 창지투 선두구 개발

라디항의 중국 귀속으로 인해 기존의 창지투 개발계획도 새로운 전기를 맞게 되고, 북한의 라선특구도 영향권에 있다.

나진항과 청진항의 운명

라선시는 2000년 8월, 나진시와 선봉시를 합쳐 만들어졌다. 북한 최초의 경제무역지대로 공표된 곳이기도 하다.

2023년 현재, 나진항의 총 부지면적은 38만㎡으로 총 3개 부두에 5,000~1만 톤급 선석 15개를 보유하고 있다. 부두 전면 최대 수심은 11m로 1만 톤급 선박이 접안할 수 있으며, 약 300만 톤의 화물을 취급할 수 있다.〈그림 6 참조〉

그림 6. 나진항 위성사진(출처; 해양한국 2011. 8. 31)

나선시가 주목받기 시작한 것은, 1993년 유엔개발계획(UNDP)의 '광역두만강 개발계획(GTI)'이었다. 그 일환으로 나진-선봉경제특구로 공표되었고, 중국 역시 나진항 일부를 50년 임차 계약을 했던 것이다. 2023년 현재, 3개 부두 중 1호 부두는 중국의 창리그룹에서 임대하여 석탄전용 부두로 사용 중이다. 제 3호 부두는 러시아 측이 임대 후 확장공사를 마무리했고, 컨테이너 전용 부두로 사용 중이다. 또한 기존 3호 부두 이외에 4~6호 부두를 중국 측 주도로 확장할 계획이었으나 코로나19사태와 국경봉쇄로 인해 중단되었던 것이다. (2023년 7월 기준, 구글 위성지도 상에도 확장공사의 징후는 전혀 보이지 않고 있다.)

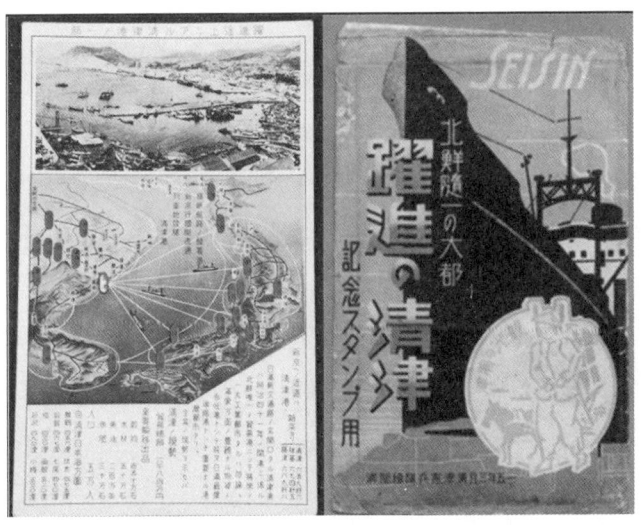

그림 7. 일제강점기-북조선 제1의 대도 청진

● 청진항의 경우

청진항은 나진항에서 남쪽으로 약 100km 떨어져 있다. 따라서 두만강 하구 개발계획이나 블라디항과의 연계와도 별 상관이 없을 것 같다. 하지만 그렇지 않다. 왜 그럴까? 청진항은 나진항에 비해 인프라가 훨씬 나은 편이다. 그 이유는, 청진항은 1908년 개항한 이후 지속적으로 활용했기 때문이다. 즉 일제강점기에는 일본 니가타항에서 청진항까지 직항편이 개설되었고, 그 배경에는 1932년 만주국과 일본 본토를 연결하는 최단거리 노선이었기 때문이다〈그림 7 참조〉. 또한 1960년대 재일교포 북송 사업 당시 만경봉호도 일본 니카타에서 청진항으로 입항했던 것이다. 청진시는 지금도 평양, 남포, 함흥에 이어 북한 4대 도시이다.

> 북·중은 이번 계약에서 연간 물동량 처리능력이 700만t인 청진항 3·4호 부두를 30년 간 공동 관리·이용하기로 합의했다. 북한 측은 부두(3천180㎡)와 노천화물적치장(4천㎡)의 30년치 임대료에 해당하는 612만유로(약 87억원)를 합작경영회사의 자본금으로 출자했다.
>
> 10일 중국 연변일보에 따르면 지린吉林성 투먼図們시 소재 민영기업인 옌볜하이화그룹延邊海華集団은 지난 1일 평양에서 북한 항만총회사와 정식 계약서를 체결하고 청진항 해운항만합작경영회사를 공동 설립했다.
>
> — 출처 ; 2012. 9. 10. 연합뉴스

위 기사에서도 알 수 있듯이, 청진항은 이미 2012년부터 중국 지린성의 물류회사가 임차 계약을 맺고 활용 중에 있다는 사실이다〈그림 8 참조〉. 청진항 역시 나진항과 마찬가지로 중국 정부가 장기 임대했다. 중국 측의 현지 투자는 이 두 항만뿐이 아니라 다른 인프라에까지 깊숙이(?) 관여하고 있는 걸 볼 때, 북한은 이미 '중국의 동북 4성'으로 전락한 게 아닌가 할 정도다.

그림 8. 청진항 중국에 개방 기사

훈춘과 나진항, 상생 방안

중국의 훈춘과 러시아의 블라디, 동떨어진 두 도시 간에 공통점이 있다. 두 도시 모두 우리와 말이 통하는 교포들이 살고 있다. 이들 교포들을 적극 활용하면, 우리 기업들에도 상당히 좋은 효과를 기대할 수 있다는 점이다. 글을 마무리하는 시점에서 지난 10년 동안 잠정 중단된 주요 프로젝트들을 언급해 보고 싶다.

> 첫째, '두만강 하구 개발계획(GTI)'의 활성화를 들 수 있다.
> 둘째, 러시아의 신동방정책의 베이스캠프로 블라디가 부상할 것이다.
> 셋째, 시베리아 가스전 노선이 동해 해저를 통해 부설될 가능성이 있다.
> 넷째, 블라디를 중심으로 자유무역지대가 개설될 수 있다.
> 다섯째, 기후온난화 영향으로 북극항로가 예상 보다 빨리 열릴 수 있다.

다시 말해, 블라디항과 훈춘의 약진이 지난 10년 동안 겨울잠에 빠져있던 프로젝트들에 불쏘시개 역할을 할 것이다. 그럴 경우, 우리나라 동해안의 속초, 동해, 포항 등 항구도 시너지 효과가 기대된다. 결론적으로 동북아가 글로벌 건설시장의 한 축으로 부상하는 날도 머지않을 것이다.

23. 연해주 개발, 남북 공조의 주무대로 만들 수 있다

　러시아 블라디보스토크(이하 블라디)는 연해주(극동 연방관구)의 주도이다. 블라디에 가 본 이들은 안다. 그곳에 카레이스키(고려인)의 애환이 얼마나 많이 서려있는 지를, 또한 발빠른 우리 기업인들이 이미 다방면에 깊숙이 진출해 있다는 사실을.

　푸틴 정부는 1990년 대 중반 이후 러시아 동부 지방을 개발하는 소위 '동방 정책'을 시작했고, 지금도 지속 추진 중인데, 한동안 코로나 사태로 인해 주춤했던 연해주 개발이 최근 들어 다시 뉴스에 등장했다. 지난 12월 15일자 BBC 코리아 보도에 의하면, '북한은 12월 13일 방북 중인 러시아 극동 연해주 정부 대표단과 회담을 통해 경제 협력 방안을 논의했다'고 보도했다.

　이 기사에서 보듯, 최근 북한은 중국과 관계가 소원해신 반면, 리시아와 급속도로 가까워진 느낌이다. 결정적 계기는 러시아-우크라이나 전쟁으로, 러시아는 북한으로부터 재래식 무기를 대량으로 조달하고 있고, 그 댓가로써 북한에 위성발사 기술 및 경제 지원을 하게 된 것이다. 다시 말해, 북한과 러시아의 이해 관계가 잘 맞은 것으로 보이는데, 그 바람에 우리나라와 러시아 관계는 반대로 냉각되는 분위기이다.

  필자는 그동안 블라디에 몇 차례 여행을 갔던 적이 있다. 5년 전쯤 당시 블라디 공항에 내렸을 때, 입국 수속 중에 있던 북한 근로자들을 목격했다. 풍문에 의하면, 코로나 사태 이전, 북한 근로자들이 연해주에만 3만 명쯤 체류하고 있었다고 한다. 최근에는 유엔 경제 제재로 인해 9천 명 이하로 줄었다고 한다.
  필자는 답사 당시 블라디의 신한촌을 비롯, 우수리스크, 하바롭스크 등 해외독립운동의 흔적들도 인상깊게 둘러보았다. 개인적으로는 연해주 지역의 해외독립운동이 결코 상해의 그것 못지 않았는데, 그 의의가 상대적으로 저평가되어 있다는 생각이 들었다.

  아다시피 우리나라는 자원 빈국인데도 불구하고, 세계 무역 10위권 국가에 올랐다. 그 성과의 배경이 무엇이겠는가? 미국과 중국, 그리고 서방국가에만 의존했다면 결단코 그런 성과를 기대할 수 없었을 것이다. 달리 말해, 러시아-우크라이나 전쟁으로 인한 일시적 냉각은 불가피할 지라도 결코 러시아 시장을 포기할 수는 없다는 뜻이다.
  2023년 12월 현재, 이미 러시아에 진출한 우리 기업들 중 상당수가 정치적인 이유로 퇴출의 기로에 있으며, 연해주 개발 관련 기업들도 속앓이를 하고 있다고 한다.

연해주야말로 남북 공조는 물론 카레이스키(재러 고려인 동포)를 활용하는 최상의 무대라고 생각한다. 이제껏 수차례 청사진만 제시한 채, 여전히 잠자고 있는 초대형 글로벌 프로젝트들 중에는 시베리아 가스전(동해 해저 이송), 광역 두만강 개발사업(UNDP), 나홋카 등 항만현대화, 시베리아 철도 연결사업, 북극항로 개발 등을 들 수 있다. 이들 프로젝트의 주무대가 바로 연해주이기 때문이다.

감히 장담하건대, 러시아-우크라이나 전쟁도, 이스라엘-하마스 간 전쟁도 머지않아 막을 내릴 것이다. 아무리 험악한 전쟁통에라도 소통의 실마리는 유지되어야 한다. 소통 채널을 유지하고 국면 전환을 도출하는 일도 정부당국의 책무이자 사명이라 생각한다. 연해주를 무대로 조만간 남북과 재러 고려인의 삼각 공조가 시작되기를 기대해 본다.

하노이, 평양의 미래가 될 수 있을까

 2022년 12월 중순, 하노이를 다녀왔다. 건설 인프라 탐방의 연장선에서 워크샵에도 참석했는데, 주제는 '통일 이후, 수도 하노이의 도시발전에 대해'였다. 하노이건축대학 교수의 발제로 시작된 워크샵에서 토론에 참여한 덕에, 하노이의 현안과 함께 비전까지 들여다볼 수 있었다. 그렇게 하노이를 탐구하다 보니, 자연스레 또다른 사회주의 국가 북한의 수도, 평양이 떠올랐다.

 2023년 1월 기준, 하노이 인구는 약 9백만 명, 평양은 330만 명으로, 하노이 인구가 평양의 약 3배로 훨씬 많다. 하지만 지난 백 년의 역사를 살펴보면, 두 도시는 앞서거니 뒤서거니 흡사한 행보를 보여왔다. 그러기에 2023년의 하노이가 평양의 미래, 즉 도시개발의 롤모델이 될 수 있다고 생각한다. 두 도시의 유사성에 대해 몇 가지 소개해 본다.

> 첫째, 두 도시 모두 사회주의 국가 수도로써 전쟁의 참화를 겪었고, 복구 과정도 유사했다는 점이다.

전후 복구의 마스터플랜으로써 사회주의 도시 특유의 소구역제도(micro-district)를 적용했다.

> 둘째, 두 도시 모두 큰 강 위에 교량이 여섯 개 뿐으로, 조만간 증설이 기대된다는 점이다.

교량 증설은 향후 신도시 및 위성도시 건설과도 직결되는 사안이다. 2023년 1월 현재, 한국의 현대건설, 포스코개발 등이 하노이의 신도시 및 지하철 증설에 참가하고 있다.

한편 평양에서 1973년 최초 개통된 지하철은 지금까지 대동강을 넘어가지 못하고 있는데, 향후 두 도시 모두 교량 증설은 영순위 사안이 될 것이다.

> 셋째, 두 도시에서 홍수 및 수질오염 대책이 시급하다는 점이다.

하노이는 1986년 도이 머이(개방) 정책 이후, 급격한 인구 증가로 홍강의 수질오염이 한계에 도달했다고 한다. 대동강 역시 서해갑문과 내륙 수운을 위한 미림갑문 등의 건설 이후, 홍수 빈도도 증가하고 수질 오염도 갈수록 심각하다고 한다.

2023년 1월 기준, 평양은 여전히 케케묵은 구호, '자력갱생'을 외치고 있다. 하지만 인민들도 잘 알고 있을 터. 자력갱생으로는 '이밥에 고깃국'을 먹는 날은 결코 올 수 없다는 사실을. 생존과 번영을 위해서는 핵을 포기하고 개방정책을 따를 수밖에 없다. 그럴 경우, 하노이가 지금 겪고 있는 도시문제가 소중한 반면교사가 될 것이다.

 한편, 이번 현지 워크샵을 통해 1965년 이전, 김일성 주석이 하노이에 연립주택 단지와 유치원 등을 건설해 주었다는 사실을 확인한 바 있다. 이는 한국전쟁 이후, 러시아와 동독 등 동유럽 사회주의 국가들이 북한 도시들의 전후 복구를 '1국 1도시 지원' 정책에 따라 지원해 준 데 대한 보은의 뜻이었다고 한다.
 만약 조만간 평양이 경제 개방에 나선다면, 롤 모델로 삼을만한 도시는 제일 먼저 하노이를 꼽을 수 있을 것이다. 우리가 하노이의 도시문제에 더욱 주목해야 할 이유이다.

평양몽夢의 하늘

25. 원산갈마 관광지구, 쿠바의 바라데로 (Varadero)가 롤모델인가?

　지난(2024년) 2월 14일 한국과 쿠바가 전격 수교를 발표했다. 우리나라는 이 수교의 의미를 두고 '20년 외교 숙원의 해결'이라고 했다. 이와 달리, 청천벽력 같은 충격을 받을 나라는 바로 북한이다. 북한은 그동안 쿠바와 피를 나눈 형제보다도 더한 관계였다. 그 이면에

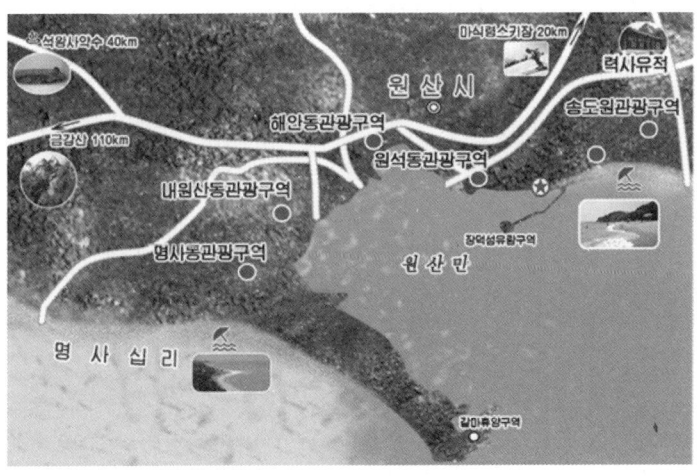

그림 1. 원산갈마 해안관광지구 약도(통일뉴스)

3부 ● 북한과 국제협력

는 1980년대 김일성은 쿠바의 카스트로에게 AK소총 10만 정을 무상 제공했고, 쿠바는 답례로 북한 인민에게 설탕 선물 공세를 했던 역사가 있다. 그동안 사회주의 맹주국인 러시아와 중국이 차례로 북한과의 의리를 저버리고 한국과 수교를 했지만, 쿠바만은 최후의 형제국으로 남아 있었기 때문이다.

필자는 2018년 3월, 9일 동안 쿠바 종주여행을 한 바 있다. 당시 특별한 체험 중에 외국인 전용 관광지구 바라데로 비치(Varadero beach)를 방문했던 일이 떠오른다.

그림 2. 바라데로 크루저

당시에는 그저 별천지에서 놀기만 했지만 귀국한 이후 2년쯤 지나 원산갈마 해안관광지구(이하 원산갈마지구)를 조사하다 깜짝 놀라고 말았다. 원산갈마지구와 쿠바의 바라데로 비치가 놀랍도록 오버랩 되었기 때문이다.

몇 가지 근거를 살펴보자. 첫째는 갈마반도의 지형 조건이 쿠바의 바라데로와

그림 3. 바라데로의 하이카코스 반도는 길이 20km 구간에 관광호텔만 70여개가 있다.

흡사하다는 점이다. 갈마반도는 쿠바의 바라데로에 비해 규모는 작을 지라도 지형은 흡사하다. 반도이기에 외국 관광객을 격리시키기 좋고, 동시에 내국인의 접근도 통제하기 쉽다.

둘째는 오랫동안 지속된 북한-쿠바의 형제관계이다. 쿠바혁명의 주역 카스트로와 김일성주석 때 이후, 쿠바는 북한과 형제국의 관계를 최근 까지 유지해 왔다. 최근까지 쿠바는 북한과의 의리를 지키기 위해 대한민국과 공식 국교를 맺지 않았고, 다만 KOTRA 사무실만 허용하고 있었다.

마지막으로, 북한은 유엔경제 제재의 출구 전략으로 국제 규모의 관광단지 조성에 열을 올렸고 그 모델을 쿠바의 관광 정책에서 배우고자 한 바 있다.

하지만, 원산갈마지구는 당초 2020년 준공 예정이었으나 2024년 2월 현재까지도 미완성으로 남아있다. 그동안 코로나 사태와 재정 상태 악화로 인해 무기한 중단 상태에 있는 것인데, 국제적인 여건이 호전될 경우, 원산갈마 지구는 북한에서 영순위로 준공될 프로젝트임에 틀림없다.

그 이유는 원산갈마지구의 입지조건이 최상으로, 갈마반도에 공군비행장을 리모델링한 원산 국제공항도 완비되어 있고, 반경 80km 이내에 금강산 관광특구, 마식령스키장, 송도원 해수욕장 등이 있기 때문이다. 다만 국제적 성공의 관건은 우리나라 사람들이 가지 않는다면 서구권 관광객들이 절대 가지 않을 것인데, 이를 어떻게 해결할지에 달려 있다.

그림 4. 2024년 2월 현재, 공사 중단 상태이다. (통일뉴스)

미국 플로리다에는 마이애미가 있고, 하와이에는 와이키키가 있다. 멕시코에는 칸쿤이 있고 쿠바에는 바라데로가 있다. 남한에는 해운대가 있다면 북한에는 원산갈마가 있다! 이 말이 조만간 현실이 되기 위해서는 어떻게 해야 할까?

북한 당국이 바라데로 규모의 시설 투자는 기본이고, 운영 비법까지 하루빨리 벤치마킹을 해야 할 것이다. 물론 준공 후 개장 후 운영부터 남한 기업과 관광객들의 참여가 없다면 모든 게 허사로 돌아갈 것이다.

끝으로 필자가 바라데로 비치에서 느낀 인상을 풍자시로 남겨놓은 것을 소개한다.

바라데로, 21세기 에덴
– 쿠바 연작

박 하

늘 꿈꾸던 낭만 쿠바,
'낙망 쿠바', 유언비어에는 속지 마세요
여기는 지친 영혼들의 망명지,
카리브 해 악어섬으로 오세요
비자 받기, 시시콜콜 까다롭지 않아요
당신 여권에 아무런 흔적 남지 않는
찌라시[1] 같은 비자니까요

토론토에서 3시간 반,
아바나에서 겨우 2시간 남짓,
당신을 위한 21세기 에덴동산, '바라데로'
마이애미도, 칸쿤도 부러워 마세요
이래봬도 지상 최고 가성비라니까요
원색 팔찌만으로 당신도 귀족
무한리필, 원기 충전소!
욕망의 해방구를 체험해 보세요
디지털 디톡스[2]는 보너스예요

가면假面 쓴 그대 인생,
아무리 아니라고 해도
그대 가슴은 깜박깜박 방전放電 직전,
바람 빠진 풍선마냥 후줄근해졌단 말이에요
걱정마세요, 이곳에 오시기만 하면
금새 빵빵하게 채워 드릴께요
한창 때와 달리, 간절한 시점에도
당신 의지를 배반하는 그것!
남자의 줏대도 날선 송곳 같이 벼려드린다니까요

마카레나 마카레나 마카레나!
리듬에 맞춰 사지를 흔들어봐요
코발트빛 바다 위 광란의 춤판,
캐러비언 해적이 컴백한 줄 알았다니까요
아하, 속수무책 가면을 벗은 당신,
영혼보다 육신이 춤에 더 고파있었군요

바라바라 바라데로!
별자랑 호텔들3)이 은하수를 이룬 곳
점점이 악어알 같은 카요 Cayo4)들,
해상 에덴이 따로 없네요
귀 얇은 당신, 음해성 헛소문에 속지 마세요

진실은 선진 의료 쿠바, 그 명성 그대로
바로바로 원기 충전, 최상의 힐링센터예요
오해는 절대 금물,
쿠바노는 바텐더가 아니고
쿠바나는 웨이터리스가 아니예요
그들이야말로 특급 간호사들!
SNS 중독증까지 속성으로 치료해주는 힐링 전문가들!

여기는 바라데로
사회주의 쿠바, 선진의료의 롤모델,
바라데로 만만세!

● 출처 : 박하 5시집 『내 마음의 속도』 중에서

1) 쿠바 비자는 1회용 쿠폰 같다. 여권에 스탬프를 찍어주지 않기에 쿠바 입국 사실을 비밀로 할 수 있다. 미국인들도 캐나다 토론토를 경유하여 쿠바에 입국한다. 여권에 흔적이 없기에 추후 미국 입국 시 문제 소지가 없다. 미국은 2014년 말, 공식 수교를 하고 대사관도 개설했지만 여전히 쿠바여행을 금지하고 있다. 물론 미국 어느 공항에서도 쿠바 직항 항공편이 없다.
2) digital detox : 스마트폰, SNS 중독증을 치료한다는 뜻, 일명 디지털 단식이라고도 한다.
3) 마라데로 히카코스 반도에는 2018년 현재, 70여개의 리조트호텔이 성업 중이다.
4) 카요(Cayo)는 스페인으로 '작은 섬', 쿠바 연안에는 1600여개의 섬들이 있다. 바라데로 주변에도 카요 블랑코-아래 약도-등 위락시설을 갖춘 섬들이 많다.

에필로그

새로운 여정을 꿈꾸며

'남북관계는 동족관계가 아닌 적대적 두 국가 관계!' 12월 30일, 북한 김정은 국무위원장은 이같이 폭탄선언을 했다.

이 폭탄선언의 여운이 채 가시기도 전에 지난(2024년) 2월 14일 '한국-쿠바 외교관계 수립' 뉴스가 터졌다.

북한의 인프라는 여전히 낡고 쇠약한 모습을 드러내고 있다. 자원 부족의 그림자와 기술적 한계는 교통, 통신, 에너지 등의 영역에서 더욱더 분명하게 나타나고 있으며, 이는 북한 주민들의 삶의 질 개선이라는 커다란 과제 앞에 놓여 있습니다. 국제사회와의 단절은 이러한 문제들을 더욱 악화시키고 있다.

윤석열 대통령의 2022년 광복절 기념식에서의 대담한 제안은 새로운 가능성의 문을 열었습니다. 그의 제안은 전례 없는 협력의 약속이었다:

    대규모 식량 공급

    발전과 송배전 인프라 지원

    국제 교역을 위한 항만과 공항의 현대화 프로젝트

농업 생산성 향상을 위한 기술 지원
병원과 의료 인프라의 현대화 지원
국제투자 및 금융 지원 프로그램

이들 지원사항은 북한의 현실을 직접 반영하기도 한다. 심각한 식량난, 전력 부족, 농업 생산성 저하 등의 문제들이 그것이다. 이 모든 것들은 국제적인 지원과 협력을 통해서만 해결될 수 있기 때문이다.

2024년 2월, 북한은 여전히 도발적인 행동을 보이고 있지만, 희망의 불씨는 여전히 살아 있다. 남북한 간의 대화와 협력, 그리고 국제사회의 지원은 이 어려운 시기를 극복할 수 있는 유일한 방법이다. 경제 협력과 인프라 개발은 북한의 자립적 발전을 가능하게 하고, 남북한 관계의 진전을 가져올 것이라 확신한다.

이 책에는 2012년 김정은 집권 이후 북한 도시 및 인프라의 변화상을 건설엔지니어 관점에서 모니터링하는 기분으로 소개하였다. 아무쪼록 이 책이 독자 여러분의 '북한 도시 인프라' 관련 상식을 갱신하는데 조금이라도 보탬이 되기를 소망하는 바이다.

이것은 단순한 이상이 아니라, 실현 가능한 현실로 다가설 수 있는 길입니다. 남북한의 공동 번영을 위한 새로운 여정, 이제 그 첫걸음을 내딛어야 할 때입니다.

2024. 2.
금정산 아래에서 필자

부록

부록 #1

'평양의 변신'을 묻고 싶습니다!
– 신간 『평양의 변신, 평등의 도시에서 욕망의 도시로』 저자 대담

- 초대 손님 : 저자 박원호 부사장
- 대   담 : 윤춘호 토목기술사

이글은 저자의 전작前作, 『평양의 변신』에 대한 대담 기사입니다. 이 책의 후속편이 신간 『평양몽의 하늘』이기에 소개드립니다.

– 저자 주

모시는 글

지난(2021년) 11월 1일 신간 『평양의 변신, 평등의 도시에서 욕망의 도시로』(이하 '평양의 변신')가 발간되었습니다. 이 책의 저자는 바로 우리 회사 박원호 부사장입니다. 하우 초대석에 모시고 이 책에 대한 궁금증을 풀어보기로 하겠습니다. 저자는 꼭 2년 전에도 『북한의 도시를 미리 가봅니다』(가람기획 2019)를 발간했고, 이번에 발간된 책은 속편 성격이라고 합니다. '우리 회사 찬스!'로 이 책에 관한 최초의 저자 대담을 하기로 했습니다. 대담은 가급적 건설엔지니어 입장에 서 '평양의 변신'을 쓴 배경과 후일담을 들어보기로 하겠습니다. - 편집자 주

Q 박원호 부사장님. 초대에 응해 주셔서 감사합니다. 먼저 신간 '평양의 변신' 발간을 축하드립니다. 재작년에는 『북한의 도시를 미리 가봅니다(가람기획, 2019)』를 냈고, 이번 책은 후속편 성격이라 들었습니다. 건설엔지니어 입장에서 당돌한(?) 질문을 하더라도 양해해 주시기 바랍니다. 그럼 긴장해 주십시오.(웃음).

A 초대해 주셔서 감사합니다. 저는 돌직구 같은 질문을 더 좋아합니다. 예컨대, '막히면 돌아가는 물 같이'가 보통사람들의 방식이라면, '막히면 뚫고 가는 터널 같이'는 건설엔지니어의 방식이니까요. 하하하!

Q 북한에 가보시지도 않고 어떻게 책을 쓸 생각을 하셨습니까? 한 권도 아니고 두 권을 연속해서 말입니다. 북한에 꽂힌 계기가 있다면 소개해 주십시오.

A 죄송합니다. 알다시피 우리 주변에도 평양에 다녀온 분들이 숱하게 많잖습니까? 그런데 아무리 기다려도 이런 책은 나오지 않더군요. 그래서 저라도 써야겠다고 작정 했지요. 하하하. 전작

'북한의 도시…'도 가보지도 않고 용감하게 썼던 책이지요. 단 한 권에 북한 10대 도시를 인프라 중심으로 소개했기에, 그런대로 반응이 좋았습니다. 이번 '평양의 변신'은 속편 성격으로 역시 가보지도 않고 뻔뻔하게 쓴 책입니다.

하지만 장담컨대, 최근 북한의 인프라 동향에 대해 이렇게 입체적으로 소개한 책은 없는 것 같습니다. 제가 북한에 꽂힌 계기는 2015년 남북물류포럼과 한국엔지니어링협회 주관으로, 중국 훈춘에서 있었던 국제물류 세미나였습니다. 당시 광역두만강 개발계획(GTI)의 비전에 대해 새롭게 인식했습니다. 또한 환갑을 훌쩍 넘긴 건설엔지니어로서 남북통일에 일조를 할 수 있는 방안으로 북한 인프라에 대한 탐구를 하기로 작정했지요.

Q '평양의 변신'에는 다양한 각도에서 북한 인프라를 조명하고 있더군요. 우선 목차만 봐도 그 스케일이 상상이더군요. 북한의 강과 산과 바다와 연계한 프로젝트, 그리고 북방변수라고 하여 조중러와 유라시아 대륙 연계까지 조명했더군요. 그런데 해당 프로젝트의 자료들은 어떻게 구했는지 궁금합니다.

A 건설엔지니어라도 북한에 대한 상식은 미미한 수준입니다. 그도 그럴 것이 남북이 건설 공조를 했던 경우가 개성공단, 신포경수로, 금강산 신계사(사찰) 복원 등으로 극히 제한적이었기 때문입니다. 따라서 북한을 입체적으로 이해하기 위해서는 큰 강과 산맥, 그리고 바다와 연계하여 설명하는 게 가장 쉬운 방법이

라 생각했습니다.

관련 자료는 인터넷 검색만으로도 차고 넘칠 정도입니다. '홍수 나면 마실 물이 없다'는 속담처럼 오히려 옥석玉石 구분이 훨씬 더 어려운 실정입니다. 제가 참고한 데이터베이스 중에는 딱 2군데만 들라고 한다면, LH공사에서 발행하는 '북한도시주택리뷰'와 미국의 '38North'입니다. 자세한 내용은 책을 사보시면 알 수 있습니다.(웃음)

Q 책 제목을 '평양의 변신, 평등의 도시에서 욕망의 도시로'이고, 부제는 '한 권으로 읽는 북한인프라 이슈'입니다. 제목을 그렇게 정한 배경이 궁금합니다.

A '평양의 변신'은 본문 중에 한 꼭지이기도 합니다. 또한 이 제목으로 작년에 대한건축사협회 세미나에 초대되어 발표한 적도

필자. 중국 훈춘, 두만강 하구 3국 전망대

있습니다. 또한 제가 그동안 평양의 도시 변화를 모니터링해 온 입장에서 단 한 줄로 표현하라 한다면 당연히 이 말을 쓰고 싶기 때문입니다.

평양은 이미 전 세계적으로 '평해튼'이란 별명으로 불립니다. 자본주의 사회 남한은 도시가 블록으로 구획되어 있다면, 평양은 여명거리, 창광거리, 미래과학자거리 등으로 거리 중심입니다. 가로변을 따라 초고층빌딩이 병풍처럼, 아니 얼굴마담처럼 서 있다고 할까요. 혁명의 도시 평양은 애당초 평등을 절대 가치로 내걸었고 이는 도시의 외관에서도 고만고만한 평등을 추구했습니다. 하지만 2012년 김정은 정권 이후부터 스카이라인이 춤추기 시작했습니다. 이 책의 표지이기도 한 '민수대아파트' 그 시작을 알리는 신호탄이었습니다.

Q 사람들은 남북 관계를 화제로 올릴 때마다 통일 방식을 먼저 이야기합니다. 예컨대 흡수 통일이냐, 연방제 통일이냐 하고 말입니다. 저자 입장에서는 어떤 통일 모델이 좋다고 생각하는 지, 또한 그 근거는 무엇인지 궁금합니다.

A 저는 통일 방식 이전에 교류가 먼저라고 생각합니다. 예건대, 통일은 청춘남녀가 결혼에 골인하는 거라고 한다면, 교류는 결혼 이전에 연애기간입니다. 연애 기간도 생략한 채 곧장 결혼은 위험하기 짝이 없는 일이라 생각합니다. 물리적인 통일은 30년 뒤에 되면 어떻습니까? 사전에 인적·물적 교류를 통해 상호 신뢰

와 이익을 높여가는 게 우선 되어야 한다고 생각합니다. 지난 번 개성공단처럼 말입니다. 그렇게 볼 때, 흡수통일보다 1국 2체제 즉 '연방제 통일' 방안도 실현 가능성이 높다고 생각합니다.

Q 유엔제재가 극적으로 풀려 남북경협과 북한관광이 재개된다면, 어떤 지역이 뜰 것 같습니까? 북한의 특정 지역이 뜬다면 상대적으로 혜택을 누릴 수 있는 남한의 도시도 있을까요?

A 제 생각에는 영순위로 금강산관광과 원산갈마지구일 것 같습니다. 금강산은 이미 국제적으로도 명성을 갖고 있는데다 원산갈마국제관광지구까지 130km 정도입니다. 사실 원산갈마지구는 금강산을 찾는 외국관광객들을 위한 베드타운(bed town)으로 개발했다고 해도 과언이 아닙니다. 원산갈마에는 공군비행장을 개조한 국제비행장도 있습니다.

원산갈마지구

기존의 공군비행장을 확장한 뒤 국제에어쇼도 개최한 바 있습니다. 또한 남한에서 접근성도 상당히 좋은 편입니다. 예컨대, 끊어진 동해선 철길인 강릉-제진 간 철도 복원이 2021년 현재, 진행 중에 있는 것으로 압니다. 항공 편, 철도 편, 내륙수로 편과 아울러 동해 바다를 통해 유람선으로 접근하기에도 아주 편리하기 때문입니다.

Q '북한은 가까운 미래'라고 주장하셨습니다. 우리 건설엔지니어들이 북한을 예습하는데 이 책 이외에 어떤 방법이 있을까요? 혹시 강추! 하고픈 것들이 있는지 궁금합니다.

A 10년 전만 해도 소수의 전문연구자들이 북한정보를 독점했던 시대가 있었습니다. 하지만 지금은 소위 백가쟁명, 백화제방 시대로써 북한정보가 차고 넘치는 시대입니다. 앞에서도 말씀드렸듯이, 최근 인프라 정보가 더 중요합니다. 공신력 있는 데이터베이스로 북한 정보의 **뼈대**를 구축한 뒤, 그 뼈대 위에 살을 붙이는 작업은 다양한 북한 전문 유튜브를 활용하는 방안을 강추합니다. 관련 채널은 책에 소개해 놓았으니 부디 책을 사보시기 바랍니다.(웃음).

Q 남북경협이 재개된다고 가정했을 때, 우리 건설엔지니어들이 미리 준비해야 한다면 어떤 사항을 들 수 있을까요? 끝으로 건설엔지니어들에게 조언을 해주신다면 어떤 말씀을 해주시

겠습니까?

A 북한 지역을 입체적으로 이해하는 것도 중요하지만 보다 큰 틀에서 바라보는 일, 다시 말해 동북아와 유라시아까지 연계하는 방안에도 관심을 가져야 합니다. 예컨대, 시베리아 가스전 프로젝트, 신포경수로 프로젝트. 광역두만강 개발계획(GTI) 등. '세상은 갈수록 평평해진다'(토마스 프리드만)는 말처럼 갈수록 국제적인 대형 프로젝트의 가능성이 높아가기 때문입니다. 끝으로 한 말씀 대신 이 책에 소개했던 권두시로 마무리하고자 합니다.

많은 사람들이 가다 보면 / 길은 절로 생겨난다지만, 그건 / 까마득한 옛날이야기 // 아무도 가지 않은 덤불 속, / 들끓는 사막, 때론 툰드라에까지 // 깜깜한 산맥을 뚫고 / 계곡과 해협을 넘어 / 경계와 이념마저 품어 안는 길 // 한 뼘, 한 뼘 자벌레 같이 / 한껏 오늘을 펼쳐 미래로 / 마침내 문명을 꽃피우는 길 // 문명이 꽃이라면 길은 뿌리, / 아무도 기억해주는 이 없을지라도 / 정녕 도타운 사람들

— 졸시, '길을 닦는 사람들' 전문

부록

부록
#2

구글어스로 풍류도시 평양을 들여 보다!

- 초대 손님 : 박하 시인(박원호 부사장)
- 대   담 : 박병기 기자(국토와 교통저널 기자)

이 글은 저자의 전작前作 『피양 풍류』의 저작 배경을 소개한 내용입니다. 신간 『평양몽의 하늘』과는 살과 뼈대의 관계로 볼 수 있으니 소개드립니다. - 저자 주

모시는 글

구글어스로 '평양'을 보면 어떤 모습일까? 조선시대 평양의 고지도와 2023년 오늘의 평양을 위성사진으로 비교한다. 신간 『피양 풍류』는 조선시대 평양의 풍류놀음을 해설한 책이 아니다. 옛 시를 매개로 풍류무대와 그 주변이 어떻게 변했을까를 탐사한 책이다. - 편집자 주

Q 신간 『피양 풍류』 출간을 축하드립니다. '평양'이 아니고 '피양'이라고 한 이유가 궁금합니다. 책 소개를 겸해서 『피양 풍류』를 읽는 5가지 키워드를 꼽아주십시오.

A '피양'은 '평양'의 사투리 표현입니다. 북한 속담에 '병아리도 평양 가고 싶어 피양피양 하고 운다'는 말이 있습니다. '피양'이라는 사투리가 살갑게 느껴져 제목에 사용했습니다.

『피양 풍류』는 시인 겸 건설엔지니어 관점에서 평양 풍류를 해설한 책입니다. '풍류'라고 하여 시서금주詩書琴酒만 이야기한 게 아니고, 시편을 통해 도시 변화를 탐사하는 책입니다.

5개 키워드를 꼽으라면, '명승지, 도시 인프라, 대동강의 섬들, 관광 인프라, 도시 재개발'을 들 수 있습니다. 상세하게 말씀드린다면, 연광정, 부벽루, 영명사 등 조선시대 평양의 명승지와 그 주변의 변화를 살펴보았습니다. 한시를 매개로 평양의 도시 인프라의 변화, 대동강의 섬들-능라도, 양각도, 두루섬-의 변화, 평양의 관광 인프라, 평양의 도시재개발을 살펴보았습니다.

Q 오랫동안 북한의 건설 인프라 관련 집필 활동을 해 오신 것으로 압니다. 특별한 계기가 있으셨나요?

A 2015년 두만강 하구 도시, 중국 훈춘에서 열린 '두만강 하구 3국 개발방안'이란 주제의 국제 세미나에 참석한 것이 계기가 되었습니다. 그때 이후, 글 쓰는 건설엔지니어로서 통일에 앞서 남북 교류에 기여할 수 있는 게 무엇일까를 고민했습니다. 통일을 위

한 건설인으로서 일조를 다짐한 뒤, '북한 인프라 산책'을 월간 「국토와 교통」저널에 연재했고, 연재 원고를 모아 두 권의 책을 발간했습니다. 이 책 역시 인문학 냄새가 풍기지만 그 연장선에 있습니다.

Q 책 주제에 대한 아이디어는 어떻게, 어디서 얻으시나요?

A 한국고전종합DB(한국고전번역원)가 보물창고인 셈이지요. 우선 그곳에서 검색을 통해 평양 한시들을 고른 뒤에 이를 해석하지요. 원문의 번역본이 있는 것도 있지만 번역이 없는 것도 수두룩합니다. (한문공부는 2001년부터 현재까지 취미로 한문서당에 다니고 있습니다. 우리나라 한시를 매주 한차례씩 동호회 밴드에 '절절한시漢詩'라는 제목으로 소개합니다. 북녘 도시 관련 한시도 틈틈이 소개했는데, 이번에 '평양 편 한시'를 모아 책으로 엮었습니다. 평양 편 한시의 분량이 많아서 6개월 후에 '평양 편 속편'을 낼 작정입니다.

다음으로 북한 도시의 변화는 구글어스를 손금 보듯 들여다봅니다. 물론 특급 비밀참모(?)는 '38North(38north.org)' 발행의 뉴스레터입니다.

Q '북한, 평양은 가보고 썼을까?', '건설엔지니어가 한시를 안다고?' 이렇게 딴죽을 거는 독자가 있다면 어떻게 답하시겠습니까?

A 네! 독자라면 맨 처음 떠오르는 의문일 것입니다. 평양은 가보지 않았지만 금강산(2007)과 개성(2008)은 관광으로 다녀왔습니다. 평양에 대해 가보지도 않고 글을 쓰는 배짱은 역사학자들로부터 배웠답니다. 살아보지도 않는 조선, 고려시대는 물론이고, 아득한 삼국시대까지 가본 듯이 파헤치고 있잖습니까? 제 경우에는 오히려 자료가 넘치는 편입니다.

Q 최근 남북한 관계가 악화일로입니다. 오랫동안 북한 관련 집필 활동을 해오셨지만, '북한에 대한 관심'에 동력을 잃을 수도 있었을 것 같습니다. 그럼에도 꿋꿋하게 북한을 파 오신 뚝심이 대단하십니다.

A '평양은 가까운 미래다!' 그 미래가 1년 뒤에 닥칠지 아니면 3년 뒤에 닥칠지 장담할 수 없습니다. 요즘 김정은 정권의 외통수 행보를 보면 그 미래가 아주 가까워지는 느낌입니다. 통일이든 교류든 간에 획기적인 변화가 한밤중 도적처럼 닥칠 것 같은 예감마저 듭니다.

Q 최근 인상 깊게 읽은 평양 관련 책이 있다면 소개해주세요.

A 북한 관련 책은 장르를 망라해서 거의 읽고 있습니다. 최근 감명 깊게 읽은 책은 『런던에서 온 평양 여자(오혜선)』입니다. 평양의 건설공사, 전력 사정 등에 관한 이야기가 자주 나와서 아주 재미있게 읽었습니다. 이전에 나온 책으로는 『평양의 옛지도(서

울학연구소 평양학연구센터)』, 『거품 1, 2(구대명)』, 『풍류의 류경, 공원의 평양(이선, 효형출판)』, 『선을 넘어 생각한다(박한식)』를 추천합니다.

Q '글 쓰는 건설 엔지니어'를 꿈꾸는 후배들에게 조언해 주실 말씀이 없을까요?

A "기록에 의해 역사는 전진한다."라고 생각합니다. 개인이든 조직이든 마찬가지입니다. 글 쓰는 사람은 예외 없이 독서광이기도 합니다. 많이 읽다 보면 쓰고 싶고, 쓰다 보면 또 많이 읽게 되는 법이지요. 책이란 '말로써 지은 집'이나 마찬가지라서 건설엔지니어들이 훨씬 잘 할 수 있다고 생각합니다.

Q 끝으로 이번 신간을 꼭 읽어야 하는 이유 세 가지만 꼽아주세요.

A '평양은 가까운 미래!'라고 믿는 분들만 읽어주세요. 가까운 미래에 평양에 관광을 가든, 건설공사에 참여하든, 평양에 갈 경우가 생긴다면, 최소한 평양 상식이 있어야 합니다.

이 책을 읽을 경우, 첫째, 평양을 입체적으로 이해할 수 있습니다. 둘째, 평양의 도시 인프라의 현주소를 알 수 있습니다. 셋째, 평양의 도시 문제를 알 수 있습니다.

결론적으로 평양 상식을 가장 저렴한 비용으로 단시간에 리셋할 수 있으니 가성비 최고의 선택이 될 것입니다. 조만간 평양 속편도 발행할 예정입니다.

참고문헌

단행본

강동완(2020), 『평양 882.6㎞』, 너나드리

강호제(2007), 『북한 과학기술형성사 1』, 선인

고유환, 박희진(2013), 『북한도시 함흥 평성 자료해제집』, 선인

구예림, 조정훈, 조전희, 『북한을 읽다-지속가능발전 프로젝트』, 두앤북

권영덕 외(2016), 『평양 도시계획 이해하기』, 서울연구원

권세중(2020), 『북한 에너지, 미래를 위한 협력과 도전』, 도서출판 선인

김민종(2019), 『북한 트렌드 2020』, 책과 나무

김승재(2020), 『세계의 옷공장, 북한』, 늘품플러스

김정한(2018), 『북한은 처음이지?』, 라이스메이커

김정훈(2013), 『평양과 프라하』, 한국학술정보

김정훈(2015), 『평양과 강남』, 대영문화사

김택환(2019), 『세계 경제패권전쟁과 한반도의 미래』, 김영사

김현식(2007), 『나는 21세기 이념의 유목민』, 김영사

대한토목학회(2009), 『북한의 도시 및 지역개발』, 보성각

뤼디거 프랑크(2020), 『북한 전체주의 국가의 내부관점』, 한겨레출판

민경태(2018), 『서울 평양 스마트시티』, 미래의 창

박보희(2021), 『모스크바에서 평양까지』, 청파랑

박원호(2019), 『북한의 도시를 미리 가봅니다』, 가람기획

참고문헌

박수진, 안유순(2020), 「북한지리백서」, 푸른길

북한도시사연구팀(2013), 「사회주의 도시와 북한」, 한울아카데미

신정일(2019), 「신정일의 신 택리지: 북한」, 쌤앤파커스

안병민(2014), 「교과서에 안 나오는 북한의 교통 이야기」, 통일교육원

애나 파이필드(2019), 「마지막 계승자」, 북돋움

이선(2018), 「풍류의 류경, 공원의 평양」, 프리뷰

이승률 외(2020), 「린치핀 코리아」, 동북아공동체문화재단

임동우(2011), 「평양 그리고 평양 이후」, 효형출판

임동우, 라파엘 루나(2014), 「북한 도시 읽기」, 담디

임동우(2018), 「도시화 이후의 도시」, 북저널리즘

장세훈, 2017, 「냉전, 분단 그리고 도시화」, 알트

정세진(2017), 「시장과 네트워크로 읽는 북한의 변화」, 이담

주성하(2018), 「평양 자본주의 백과전서」, 북돋움

쥘리에트 모리요 외((2018), 「100가지 질문으로 본 북한」, 세종서적

진천규(2018), 「평양의 시간은 서울의 시간과 함께 흐른다」, 타커스

태영호(2018), 「3층 서기실의 암호」, 기파랑

트레비스 제퍼슨(2019), 「시 유 어게인 in 평양」, 메디치미디어

펠릭스 아브트(2015), 「평양 자본주의」, 한국외국어대학교출판부

필립 뭬제아(2012), 「이제는 평양건축」, 담디

JTBC 〈두 도시 이야기〉 제작진(2019), 「두 도시 이야기」, 중앙북스

Annie Pedret(2018), 「평양 2050:미래공간」, 담디

정기간행물

LH토지주택연구원, (2018~2021), 『북한토지주택리뷰』

월간 북한동향(2019~2021)

논문·세미나 자료

김동성(2017), "한강하구 평화적 활용을 위한 경기도 주요과제 연구", 경기연구원

김두원 외(2015), "북한 건설·개발제도 및 계획현황 연구", 국토교통부

김민아(2018), "북한의 주택 소구역 계획에 관연 연구: 1955!1967 단지계획을 중심으로". 한양대학교 대학원

김석진(2012), "대북지원 및 남북경협의 우선순위와 지원정책 방향', 한국개발연구원

김영봉 외(2005), "북한강 유역의 남북한 평화적 이용방안", 국토연구원

김현수(2004), "서울과 평양의 도시계획 이념 및 공간구조 비교", 서울시정개발연구원

김효진 외(2017), "남북개발협력 대비 북한 건설인프라 상세현황 분석 및 LH의 참여전략 도출", 토지주택연구원

박동민(2018), "건축가 김정희와 평양시 복구 총계획도", 건축역사학회

양문수(2006), "개성공단 산업도시, 개성", JES

이규철(2020), "북한 살림집 변화에 관한 연구(1945~2020)", 북한대학원대학교 박사학위 논문

이상준 외(2004), "남북경제통합에 대비한 북한 주요 도시의 산업발전 방

향과 남북협력방안", 국토연구원

이상준 외(2012), "북한의 인프라 개발을 위한 국제사회 협력 프로그램 추진방안", 통일연구원

이종우(1997), "북한 건축·도시의 이해", 북한연구소

최성원(2016), "대동강 내륙수운의 주요 시설 현황", 한국교통연구원 외

황진희(2012), "북한의 해운 인프라 실태와 전망", KDI 세미나

언론, 미디어

「연합뉴스」

「조선일보」

「중앙일보」

「동아일보」

「경향신문」

「한겨레신문」

「매일경제신문」

「한국경제신문」

「VOA(미국의 소리방송)」

「NK뉴스」

「RFA(자유아시아방송)」

「38 North」

평양몽夢의 하늘

*에세이로 읽는 북한 도시 비전

발행일	2024. 3. 4
지은이	박원호
펴낸이	이수남
편 집	연문씨앤피(김정란)
발행처	도서출판 은누리
주 소	부산광역시 해운대구 센텀2로 20 센텀타워메디컬 1302호
전 화	051) 927-1460
팩 스	051) 0504-150-1460
등 록	2020년 10월 6일(제2020-000039호)
ISBN	979-11-984255-4-6 03300

이 책은 저작권법에 따라 보호받는 저작물이므로 무단 전재와
무단 복제를 금지합니다.
이 책 내용의 전부 또는 일부를 사용하려면 반드시 저작권자에게
서면동의를 받아야 합니다.